〔療癒暢銷升級版〕

擁抱脆弱,你會更堅強

仕事も人間関係も「すべて面倒くさい」
と思ったとき読む本

心理諮商師・療癒暢銷作家 石原加受子 ◎ 著

侯美華、王榆琮 ◎ 譯

目錄

脆弱是引導你走向更堅強方向的指標

《人際剝削》作者、臨床心理師　洪培芸

脆弱有孔洞，陽光才能透進來。更重要是，你才有縫隙注入能量，堅強起來。

提到脆弱，你想到什麼？丟臉、困窘、失敗、糟糕、沒用……所有負面的形容詞都冒出了頭，讓人避之唯恐不及，更別說要面對、承認及緊緊相擁。是啊，怎麼能夠承認自己不僅脆，還很弱？萬萬不可。可是你知道嗎？曾經我也對「脆弱」有著根深柢固的錯誤理解，直到我看見自己反覆受苦，情緒持續糾結。我總算開始為自己的思考重新定位，也為「脆弱」兩字賦予全新的認識及理解。

小時候的我，琴棋書畫稱不上樣樣精通，但是樣樣都學過。因為父母將多數期

望都放在我身上，所以我寫完功課不能看電視，因為要練鋼琴；所以我週末放假很少出去玩，因為都在學才藝。成長歲月裡，即使我覺得很疲累、很辛苦或者很憋，也不會喊停，只會更加拚命！因為承認自己不行，坦白自己的脆弱，那是屬於Loser的東西。

但也因此，對於這個家我只想逃離。等到我開始認識，並直視內心的脆弱，我才看見自己是如何委屈及困住了自己。也因為看見、承認並深深擁抱那獨一無二的脆弱，我才能活出了今時今日，能綻放溫暖並勇敢堅強的生命。

別怕脆弱，看見注入能量的裂縫

這個世界上沒有不脆弱的人，只有不願意承認脆弱的人，並且誤把脆弱當成羞恥及枷鎖。

否認脆弱，就是耗費更多的時間及心力與之抵抗。既沒有機會修補，也沒有多

餘的心力去灌注能量，讓自己能夠成長，進而堅強。

就像思考的盲點一樣，我們都以為自己在思考，其實都被情緒牽著跑。一開始就設定錯了，難怪人生苦惱、無可救藥。

錯把脆弱當成了敵人，就會頑強抵抗，持續對抗。我們要學習停止和自己對戰，看見自己一直以來都用錯了方法。然後你才不會走了冤枉路，筋疲力竭後，才發現原來都是徒勞一場。

脆弱從來都是禮物，是生命另一個出口的指標，引導你走向更堅強的方向。

本書作者用淺顯易懂的方式，讓你看到思考及情緒如何影響你的人生；進一步告訴你人生的困境如何解套，引導你修正對於脆弱的定義及思考，放下情緒包袱，獲得真正的自由，而你自己，就是最終極的解藥。

改變內心設定值，擺脫生命負能量

石原加受子

最近我常常遇到前來諮詢的人們，對我這樣說：

「總覺得身體很疲倦，即使知道自己一定得打起精神做事了，但身體就是動不了。」

「我的心情變得很鬱悶，都沒心思工作，而且每天老是覺得焦躁不安。」

「我真的很憂鬱，不管做什麼就是不快樂。」

這二人會像這樣陳述自己的狀態，而且每次想完之後還會自責：「唉！我又無所事事地過了一天。」

碰到像這種情況時，我都會告訴他們：「那是因為你的內心已經覺得很疲倦，所以要是你想睡就該馬上上床去睡，想休息時就放鬆心情好好休息，不要再逼自己硬撐。而且此後你都必須用這種順從自身心意的方式，好好關照自己的感受，也要滿足自己的需求。」

只是，聽了我的建議後，通常對方都會說：「但如果老是賴在床上的話，我就會想：『我一直這樣放縱自己是ＯＫ的嗎』，結果反而變得更焦慮。」

如果上述這些情境讓你覺得心有戚戚焉，那麼你很可能正陷入「總是提不起勁，不論做什麼都感到厭煩」的心情中。

處於這種狀態的你，是否不允許自己滿足需求呢？

在這裡先問大家一個問題。請試著回想一下，你今天吃了什麼？還有，那些食物的味道如何？如果你專注於自己的感受上，在吃東西時，就能充分體會到食物的滋味，而產生出「這個真好吃」或「這個還滿普通的」的感覺。吃完之後，你也能

察覺到「嗯，我覺得好滿足啊！」的飽足感。

另外，你在吃東西前，會感覺到是「肚子好餓，我好想吃東西喔！」還是因為吃飯時間到了，所以就「習慣性」地前去用餐？

如果你無法回答以上的問題，或許是因為你已經忘了感官和情緒所帶來的美好感受。

「因為這是我『想做』的事，所以我會去做。而那是我『不想做』的事，所以我就不去做。」如果你有這種出於自由意志進行抉擇的心態，那麼不管決定之後的結果如何，你都會產生「因為我滿足了自己的真正渴求，所以我很慶幸能做出這個決定。」的無悔心情。

你會提不起勁、對任何事都覺得很厭煩，就是因為你無法對自己承認你也有個人需求，也認為自己做決定時不該放任情緒。

對已經遺忘要利用五感或情緒來照顧自身感受的你來說，最重要的就是讓自己

重拾真正的情緒，並且要滿足自我的欲望，也要讓心靈重返自由。

我由衷希望本書能讓「對於一切已失去活力與幹勁」的你有所幫助。

第一章

〔開始的第一步〕

察覺讓你心煩的徵兆

01

「我什麼都不想做」，究竟是怎麼了？

你的壓力大到快破表嗎？

當身體疲累時，會發出警訊，像是感冒就會出現發燒、咳嗽、流鼻水等症狀，因為你覺得不舒服，所以能有所自覺，並在判斷後做出這樣的決定：「今天我什麼都不要做，只要睡覺休息就好。」

但是，**當我們的心靈感到疲累時，並不會像感冒或生病出現不適症狀，所以人們往往會在不知不覺間加以漠視，甚至還會不斷地對內心強施壓力。**

更有人即使已經筋疲力竭，還是會強打起精神自我安慰：「我還能撐下去」、

「我可以的」，或是激勵自己：「無論如何，我都一定要完成這件事」、「我一定要努力堅持至達成目標」。

如果像這樣強迫自己，因為覺得好像還能繼續打拚，就會在不知不覺中努力硬撐。

但是在拚命的同時，因為內心並無法得到休息，於是也會產生「真是受夠了！」「我已經撐不下去了！」「我不要再強迫自己想任何事了」這樣的心情。要是進一步演變成「覺得所有事情都壓得人快喘不過氣來了」，那就表示你已經陷入憂鬱狀態。

用「理智」取代「情緒」的思考習慣

上述所提到那種「好像還能撐下去」的想法，其實是個狡猾的騙子，讓你忽略了內心真正的感受。

當你內心極度疲累，也熱切渴望休息時，為什麼你要忽略這種想望，而逼迫自己硬《一厶呢？**這是因為你用了「思考」的方式，推翻或否決自己「想要休息」的心情。**

「因為累了，所以想休息」，是你真實的情緒感受，也代表心理層面的需求。即使你有「好想休息」的渴望，卻還是不斷告訴自己要繼續加油，這些話就會讓你產生「應該可以做得到」的感受。

另一方面，「沒關係，我要努力到工作完成為止」，這是屬於「思考」層面。

然而，這只不過是因為理智或言語掩飾住你內心真正的感覺，所以才會讓你產生「雖然我很累不想再做了，但既然只差一點點，所以我還是將它完成吧」、「我不想被大家認為是在偷懶，所以不能停下來」、「其實我很想拒絕，但因為不想被認為是沒用的人，還是接下工作吧」這類的想法。

換句話說，這是「情緒」和「思考」之間的交戰，是理智勉強壓制住情緒的狀

態。

「其實我好想……」vs.「但我應該要……」的天人交戰

會強迫自己，甚至讓自己陷入「厭惡一切、想拋開一切」狀態的人，**絕大多數都沒發現「真實感受」和「思考」間的差異。**

如果不懂得適時紓壓，就會讓自己陷入「精神委靡」、「失去幹勁」、「失去專注力」、「提不起興趣」的負面狀態。

因此，當出現「雖然知道非做不可，但身體就是動不了」的徵兆時，請注意：其實你的心已經很疲累了。

然而，沒有察覺到自己感受或情緒的人，不但會忽略這些警訊，還會理智地自我激勵：「你沒問題的」、「還可以再撐一下」，或是自責：「怎麼可以因此就說喪氣話」、「這麼懦弱怎麼行呢？一定要更堅強。」

若是其中還夾雜著焦慮的心情，那更會不自覺地強迫自己：「一定要趕快恢復到原先的狀態」、「要是一直這麼懶散下去的話，會一事無成的！」

02

你用「情緒」思考嗎？

負面情緒會讓你被負面思考綁架

你無法相信，自己現在的心情，其實就是內心的真實感受嗎？

當你心情低落，或毫無幹勁，並且想拋開一切什麼都不去管時，也許你會想：

「我都這麼沮喪了，哪還有力氣去瞭解內心的情緒到底是真是假？」

不過你得知道，心情、情緒等這些內心感受，是透過各種因素組合後所產生的；而且與之關係最密切的，當然就是「思考」這件事。

讓我們來看看「情緒」和「思考」這兩者的關連性。

舉例來說。究竟你是因為不斷說著會引發焦慮情緒的話語，進而導致自己焦慮不安；還是因為內心本來就感到焦慮，才會讓自己說出擔憂、害怕的話呢？這就像「是先有雞還是先有蛋」的爭論一樣，我們無法斷定何者為先。

同樣地，「情緒」和「思考」兩者的關係也如同這般密不可分。

總之，請你先記住以下這件事：包括焦慮在內的所有負面情緒，讓你如今陷入了痛苦的狀態，這都是因為「情緒和思考交互影響的結果」。**也就是說，是情緒和思考的相互作用，再加上隨之產生的連鎖反應，才是讓你陷入負面狀態的因子。**

再舉個例子。

原本今天的你就無精打采，既洩氣又沮喪。

這時，被負面情緒浸透的你若是開始苦思，或許就會不自覺地喃喃說著一些消極的話語。像是：「唉！真不想做這些事！我以前也曾這樣，怎麼現在又來了！好痛苦啊！唉！我該怎麼辦才好呢？」

光是你無意識地說出「該怎麼辦才好呢？」這種喪氣話時，就代表你心裡已經認定自己無計可施，打從一開始就急著要先豎白旗投降。

換句話說，當你嘟囔著「該怎麼辦才好」時，就等於是對自己輸入「因為我無能為力，所以就乾脆放棄吧！」的指令。

讓自己從「討厭一切」、「老覺得煩」中解脫

在這樣的心情下，更會讓你無法克制愛鑽牛角尖的負面想法。因為當以消極的心態進行思考時，自然會引導你不斷產生悲觀、否定的念頭，越來越陷入絕望的泥沼中。

對於處在這種狀態無法自拔的人，我都會問他們：「可以確切描述一下你最近覺得心裡痛苦難受時的狀況，或是說說發生了什麼事嗎？」

我之所以會這麼問，是為了瞭解前來諮詢的人當時的心理狀態與想法。

大部分的人都會這麼回答：「唉！一言難盡。反正，不管是什麼人、什麼事，全都在跟我作對啦！」

越心煩意亂的人，就越容易把「一切」、「總是」、「全部」之類的話掛在嘴邊。這樣的用字與說話方式，代表已經被負面情緒主導思考方向。這些人不相信自己，也不信任別人，對所有事情都不滿，卻又抗拒改變。

我們思考事情的慣性模式，就是讓自己陷入痛苦情緒的原因。因此，對於這個問題如果你也有類似的答案，就代表你也圍於「以情緒引導的思考模式」中而難以脫身了。

轉念，就能變輕鬆

有些人在想逃離這種悲觀、沮喪的痛苦時，會忍不住對自己吶喊：「真想把大腦換掉！」或萌生「如果能什麼都不管，我應該會更輕鬆吧！」出現這類想就此放

棄、徹底擺爛的念頭。

但事實上，當你的情緒反應受限於既有的思考模式時，就會被思維所製造出的情緒所支配，結果讓「想法」和「情緒」這兩者更加糾結難分。

換言之，你身陷的困境，正是「情緒和思考產生交互作用」所造成的結果，是負面情緒觸發了思維改變。

明白這個道理後，你可以在心裡告訴自己：「原來是我的負面思考模式，才導致現在這種糟糕的心情。只要我能意識到這點，並且不讓這種消極的念頭盤據心中，就能不困在自己的想法和反應裡了。」

與其強迫自己思考「到底該怎麼辦」，不如告訴自己「別老是充滿負面想法」。

像這樣，不與負面情緒直接對抗，而是意識到思考正被情緒帶往不好的地方，瞭解是「情緒糟，而不是自己糟」。以轉念的方式，就能讓你走出人生的關卡。

03

跟自己對話

現在你已經瞭解「思考會產生情緒」的因果關係，接下來就請你試著實際體會以下文字所帶給你的感覺吧！

「我做什麼都覺得不快樂。這樣繼續下去行嗎？這種狀態會持續到何時呢？如果情況一直沒有好轉的話，未來會變得如何呢？雖然現在我有家人陪伴，但要是有一天父母離開人世，我還有辦法獨自活下去嗎？」

光是閱讀這些文字，是不是就令你感到心情鬱悶呢？而原本情緒低落的人，相

信看了之後一定就更加沮喪了。

接著，再看看下面這段文字吧！

「因為我今天頭昏腦鈍，所以什麼也不想做，我決定要輕鬆地度過這一天。要是一整天想做什麼就做什麼，心情一定會很好。我決定要睡到自然醒。吃東西也一樣，愛怎麼吃就怎麼吃。要不然，好好泡個澡也很不賴。」

讀完這段文字，你又會覺得如何呢？

你有沒有發現，光是用字遣詞的不同，就會讓自己的感受產生非常大的差異？

請注意，語言和文字的力量是很重要的。

我們的思考方式或使用的語彙會有固定的偏好，這些也會反映在我們的潛意識，或平時不自覺的喃喃自語，又或是內心的OS中。

如果我們總是下意識地說出消極、悲觀的話，就會產生負面的情緒；反之，若是常說積極、樂觀的話，就會產生正面的情緒。

如果你沒意識到自己平時會無意識地咕噥著甚麼，就無法自覺到思考模式和話語是如何「製造」出內心的情緒。

無法讓苦惱消失，就改變對苦惱的看法

對此，有人會不以為意，認為對於負面情緒與煩心事，只要「不去管它就好啦」，或是「把腦袋放空，什麼都不想就可以了」。

這類的答案，其實都是你按照已經僵化的「思考模式」所做出的反射性回答。

當你捫心自問：「不在意、不去想，真的就能毫不在乎？」相信你一定會承認：「不！雖然我明知道不去在意就好，但我還是無法釋懷。」「雖然以為不想就沒事，卻還是會一直惦記著。」畢竟，這才是你真正的心聲。

當然，現在也許你無法停止產生源源不斷的消極念頭，不過沒關係，對於現在所面對的困境與煩惱，你可以換個角度想：「雖然我對自己的沮喪心情一直都無能

為力，但我現在所感受到的情緒，其實並非發自於內心，而是我自己『想』出來的。」

我們以為是某人或某事讓自己不快樂，事實上，是因為我們對某人或某事的想法，才讓自己不快樂。如果你能有這樣的認知，並以此作為出發點重新審視內心。

哪怕你只是稍微萌生這樣的體悟，也能漸漸改變看事情的觀點，進而拓展出全新的視野。

04 改變內心的設定值

傾聽內心，遇見最真實的自己

如前文所述，你會因為沮喪的心情而感到絕望的原因之一，也許就是因為你會在不知不覺中不斷地說著喪氣話。此時，並不是利用曾風行一時的「正向思考法」就能解決的。

這是因為並非所有積極正面的想法都能讓人感同身受。畢竟，若那些激勵人心的話語和你的心境相去太遠，那麼不管是多熱血鼓舞或華麗動人的正面言辭，或許反而會讓你感到痛苦，難以接受，甚至說不定還會產生反效果。

你是不是覺得「不能太寵愛自己」？

如果你一時找不到能打動你內心、讓你產生動力的話語，那就先換個角度，試著想想其他能更貼近你心境的詞句，並與自己進行對話吧！

例如，要是你一產生「今天乾脆什麼事都不做吧！」的念頭，就會馬上產生罪惡感的話，那就告訴自己：「原來我只要一想到無所事事晃蕩一整天，就會有罪惡感啊！」這樣說完後，你有沒有稍微感到輕鬆了一些呢？

這是因為你能對自己坦承說那些話時的想法，這也是踏出接納內心真實感受的第一步。

發揮想像力也能感受幸福

如果你想得太多，覺得疲累，也提不起勁來說些自我鼓勵的話，那麼這裡也提供你其他的替代方案。

除了思考會產生情緒外，運用想像力、呼吸、聲音和身體姿勢等不同的方式，

也能塑造並改變你的情緒。現在就讓我們來試試看吧！

請試著想像，當你在辦公室向同事打招呼時，對方不但對你視若無睹，反而還自顧自地和其他同事愉快聊天。像這種畫面，光是這樣想就會讓你心情不太好吧？

接著再試著想想，當你向同事打招呼，對方也微笑著回應你，於是你們兩人開心地交談起來，此時其他同事也湊了過來，大家就聊得更起勁了。換成這樣想著，是不是心情也變得比較愉快呢？

以上兩種情況，都是因想像而產生的感覺，這就是光靠想像力就能製造出來的情緒。當你對生活或工作感到疲憊無力時，不妨就發揮「光靠想像就能感到很幸福」的創意，來轉換心情吧！

你被假想的情緒騙倒了

當你看電影時，可能會覺得自己就像裡面的主角一樣，不但可以英勇地戰鬥，

成功擊退壞人，就連從懸崖上跳入水中也是易如反掌。

你還會因為電影引人入勝的情節，而產生提心吊膽、心跳加速、不寒而慄、大吃一驚，或是悲喜交加、幸福洋溢等各種不同的心情。

你想過嗎？有時你的情緒，其實就像在看電影時所產生的感受一樣，很有可能是經由你的思考和想像所加工製造出來的假象，並非是真實的情緒，只是你一直將它們誤解成是內心真正的感受。

很多煩惱的來源，也經常是你的「感覺」，而非真正的「事實」。你如何詮釋煩惱，會決定你有怎樣的感受。如果分不清「事實」與「感覺」，把兩者混為一談，就會陷入負面情緒而無法自拔。

05

當你被情緒綁架

越積極處理，就越容易陷入負面情緒的漩渦

當你被「什麼也不想做！煩死了！真想拋開一切」這類的負面想法所箝制時，當然沒有時間與心力，仔細關注自身的情緒和感受。

也許你會抗議：「其實我也有意識到這回事，而且還因為痛苦難耐，一直費心在處理這種情緒。」

但事實上果真如此嗎？請你先看看下面的例子。

假設你咬了一口蘋果，覺得「哇！好甜啊」，這是基於味覺所產生的「直接」

感受。換句話說，也就是在「當下」那瞬間所產生的感覺。

在你全心全意把注意力放在自己身上時，就會像這樣深入而仔細地去體會味道或感受。

但如果你是像上述所說的那樣，自以為專注於「克服負面情緒」，卻沒注意到其實你根本就是只專注於「負面的想法」上，那麼，你腦海裡一定也會不斷浮現消極、令人沮喪的意念。這是因為你沉溺並受制於負面的想法中，在事情發生的當下，自然也沒有餘力去察覺「當下的情緒」。

也就是說，**當你專注於克服及解決負面情緒的問題時，覺察力就會一直被負面情緒所羈絆，結果反而更陷在壞心情與負能量的困境裡。**

身心同步減壓法

明白上述的觀念後，現在讓我們來做將身體姿勢與內心情緒相互連結的練習。

你會驚訝地發現，身體與心靈一方面互相牽制，另一方面又是彼此配合並且發揮作用。如果身心無法整合，負面情緒只會讓你坐以待斃。

首先，請你坐下來，讓肩膀自然下垂，全身放鬆。

接著，請低下頭，發出「唉！」的嘆氣聲。你的腦海中並沒有想著消極的事情，只是做個唉聲嘆氣的樣子而已。

請你一邊維持這個姿勢，一邊留意心情是否有所改變。

是不是光是這種姿勢，就讓你開始變得消極，情緒也逐漸低落了呢？

接著，繼續維持相同的姿勢和心情，小聲地說：「我一定要趕快工作，一定要早點採取行動。」對著失去幹勁與活力的自己下達「我非做不可」的指令。

現在你的心情又如何呢？

當你內心已經疲累不堪時，即使一直對自己說著這種自我激勵的話，也會越來越覺得欲振乏力。這就是你現在的狀態。

那麼，在這種狀態下，該對自己說什麼才能讓心情好轉呢？

你可以試著告訴自己：「呼！我累了。我看今天所有的事就都慢慢來吧！」這句話會讓身體狀態和所說出的話語彼此同步。即便只是這樣說著，你的心情就會輕鬆不少，身體在瞬間也會隨之放鬆。

像這樣，只要簡單的一句話，就能讓你實際體會到心情的轉換，感受到截然不同的輕鬆自在。

06

現在開始，停止盲從

用聲音開啟療癒的能量

許多人都希望能獲得別人的認同。若是無法如願，就會為自己無法贏得對方的好感，或是無法讓對方肯定所苦。

當你心中充滿「我希望對方能夠因為我而（去做）……」的感受時，試著對自己這樣說：「我希望你愛我，我希望你認同我，我希望你理解我，我希望你做這個，我希望你做那個……」

這時，你是不是開始覺得喘不過氣來，或是覺得自己像是個極度飢餓到全身無

力的人，又或者覺得像是個緊抓著浮木不放的溺水者？

越是無法體會到這種感覺的人，越要大聲唸出在第四十頁「身心同步減壓法」中所提到的練習句子。

還有，在心中默唸和用嘴巴唸出聲音會產生截然不同的效果，因為聲音是會影響情緒的。藉由大聲唸出來，更能強化肯定自身的能量。

「以他人為中心」的痛苦活法

當你唸著上一頁所提到的句子時，意識是放在哪裡呢？沒錯，就是全然在對方身上！

那種「希望對方能滿足我」的心態，在自我中心心理學當中，就是「以他人為中心」的想法，是把自己的意識完全集中在對方身上，希望對方能夠滿足自己的需求；或是藉著觀察對方的言行舉止，來決定自己表現的態度或行為模式。

當你用這種「以他人為中心」的觀點環視周遭的環境，會看到什麼景象呢？

走在街上時，你會覺得每個人淨是一臉不悅。不小心碰到路人的肩膀時，你會覺得自己被對方怒視。過馬路時，你會因凶悍的駕駛瞪視而嚇得心驚肉跳。坐捷運時，你會很在意無禮的乘客逕自伸長雙腳攤坐在位置上的模樣。在公司裡，你會覺得自己常被上司咆哮著要求提升業績。回到家裡，也覺得家人都非常無情而冷漠。

如果你是有這種想法的人，一定會經常沒來由地感到悶悶不樂吧！而且，要是你將自己和他人比較，更會覺得自己只是個微不足道的存在，心情也就更加沮喪了。

要是你還時時受到周遭事物的打岔而分心、轉移注意力，自然也不會將心思聚焦在自身的感受和情緒上。

如果你能多關注自己，就偶爾也會發現自身不安、焦慮、生氣、失望或是心灰意冷等負面的情緒。

只是，這些負面情緒並非如同前面所說，全是當下所產生的情緒，或許是肇因

於更早之前許多負面情緒長期累積而成的經驗。可能是剛剛或昨天才發生過的事，

也可能是一個月前、半年前或遠至一年前所發生的事，狀況不一而足。

在每一個當下，做真實的自己

對你來說，最重要的，就是你因為正發生的事，在「當下」、在「此時此刻」

所產生的感受和情緒。

你必須想想：

- **自己在當下有什麼感覺？**
- **自己在當下有怎樣的情緒？**

請用這種方式，把能量集中在「現在」，把焦點放在你「真正想要」的事物

上，學會珍惜「當下」。

會覺得生活很痛苦，
就是因為你太在乎別人的眼光。

如果你把注意力放在周遭環境上，就會無視於與自身有關的一切。然而，對你而言，最重要的並不是別人。因為你過的是自己的人生，沒有任何人能替代你做此事。你必須去察覺下面這些事：

- 自己在當下有什麼想法？
- 自己在當下說了什麼？
- 自己在當下採取什麼行動？

你會那麼在意別人，就是因為太少關心自己。你必須用這種透過「正念」的方式，重視自身的存在，和自己親密相處。

07

最不快樂的人，最害怕改變

當你活在偏執之中

我在進行諮商時，有些人給我的第一印象就是：「不管我怎麼費力敲門，也不可能會有人幫我開門。」他們認為，這世界上沒有任何人能拯救孤立無援的自己。

這樣的想法會表現在你的態度上，甚至讓你身邊的人也感染到你的無助與孤獨。

也許你也很想改變現況，不想沉溺於這樣的困境中；但又認為自己不管再怎麼掙扎，情況也不可能好轉。

這種「反正事情也不可能改變，誰都救不了我」的想法，就是拒人於千里之外的心態。

有這種表現的人，絕大多數都堅信「事情絕對不會好轉」，甚至完全無法虛心誠懇地傾聽他人的建言。

究竟為什麼你會產生這麼固執的心態呢？

拒絕改變，是因為你覺得「改變是可怕的」

在這種「我不願改變」的想法裡，其實潛藏著重大的原因。當然，那是在你潛意識世界裡的事，所以你並未察覺。

對於那些活得疲累的人們，有時我會問他們：「當你覺得好一點之後，你想做什麼呢？」他們大部分會回答：「和好朋友快樂地相處」、「在親朋好友的陪伴下，每天開心地過日子」、「受到公司同事們的信賴，並且全心投入有意義的工作

中」、「找到興趣所在，讓自己樂在其中」。

換句話說，幾乎大家都如出一轍地表示，如果情況能好轉的話，就會愉快且精力充沛地去做任何想做的事。但是，那終究是以「如果情況好轉」為前提所做的假設。

對現在的你而言，會覺得「因為我想要情況好轉，所以（即使不想，但我仍）絕對要成功」這個做法是一項高難度的挑戰。

這就像是在你討厭游泳、害怕下水的情況下，對自己催眠著：「如果我能學會游泳，就一定可以變成游泳健將」，即使不斷自我洗腦，但你仍會感到膽怯，無法突破心理障礙。之後，你可能還會因為錯誤的認知而做出「與其得那麼努力才能學會游泳，那還不如繼續當個旱鴨子還比較安全」這樣偏差的決定。

換言之，**你認為改變是陌生的，是可怕的，這才是你潛意識裡拒絕改變的主要原因**。

08

跟情緒和平共處

做你「想做」的事，而非「應該做」的事

你會對游泳這件事感到恐懼，是因為你心裡自我強迫著：「雖然我不會游泳，但我一定要學好。」還是會自責認為：「雖然我不會游泳，但我一定得想辦法學會。然而，無論我再怎麼努力就是做不到。」因而一直陷在無法前行的困境中？

如果你已處於不想做任何事的自我放棄狀態中，當然就會認為：「游泳對每個人來說都是輕而易舉的事，我一定也要成功。可是這件事真的好難，像我這種人是不可能辦到的。」「我連這麼簡單的事都做不到，真是沒用。」

你發現了嗎？

在上面的敘述中，我們針對你是否有「我真的很想做」的欲望加以檢視。

如果你能坦誠面對內心的欲望，請先想想「自己是否真的想游泳」這件事，**把問題從「我必須」變成「我想要」的角度來思考。**

要是你對游泳這件事有所渴求，自然會產生「我真的很想學游泳，所以我要好好練習」的念頭。

但如果你其實根本不想學游泳，也願意坦然接受這樣的想法，那麼就能打從心底做出「我看我就放棄學游泳」的果斷決定。

現在的你，就是無法對自己坦承究竟「想不想」做。

有不少人在說服自己「想做再去做」時，反而會產生「我就是辦不到，怎麼這麼差勁！」的罪惡感。

改變，就從接納感覺做起

要是你一直以「我一定要成為理想中的自己，只要做不到，我就是一個沒用的人。」這樣的想法否定自己，就會覺得越來越痛苦。

畢竟人類就是會哭、會笑、會生氣、會感到沮喪或失望等具有各式各樣情緒的動物。如果你能認同並接受擁有七情六欲的自己，就會更加重視自身的感受和情緒。

然後，你才會告訴自己：「我想成為一個『我想做就去做』，或是『不想做就不去做』，這樣具有自我意識的人。」

當你成為一個能「以自我為中心」的人，就可以做出符合內心真正感受的正確抉擇。當內心疲累不堪時，也能寬容且毫無罪惡感地面對自己做出「那就休息一下」的決定。

人生應該是為了做自己喜歡的事而活。如果不喜歡，就不要投入；如果討厭，就別做。

一個能打從心底承認自身感受和情緒的人，也會因為自我認同而逐漸減少對於「改變」這件事所產生的恐懼感。

第二章

〔擁抱在工作裡的脆弱〕

戒掉「不能偷懶病」

01 你的責任指數過高嗎？

工作累了，進入休眠狀態又何妨

越是覺得自己做什麼都提不起勁來的人，也許就越容易得到「不能偷懶病」、「不能打混病」。

舉例來說，有A和B兩個人，他們分別是以「理智」和「情緒」的方式來作為自己行事的準則。

A在做事時是以「理智」為出發點，會較難顧及自己的情緒，因此，當產生「其實我比較想要……」的念頭時，很容易被「一定要付諸行動、非做不可」的理

性意識所壓抑、限制。

相對地，B因為是以「情緒」為行事的前提與考量，比起「非做不可」的想法，他更會察覺到「我想做……」的自身欲求。

這兩者間的差異，足以成為影響一個人的重大轉捩點。

若將這兩者截然不同的處世態度套用在工作職場上，A會以「一定要做、不能打混、不能偷懶」的想法自我鞭策，並且賣力工作；而B則會依「我想做或我不想做」這種發自內心的感受而努力工作。

以下舉一個場景作為例子。

A因為工作難以順利進行而陷入瓶頸，任誰都知道他正處於焦慮中。儘管如此，由於他老想著「一定得如期完成」，所以敲打電腦鍵盤的雙手仍片刻不曾停歇。

後來，用腦過度的他終於疲累到不小心打起盹來。

這時，同事過來問了一句：「你睡著了嗎？」A覺得同事是在指責他打瞌睡，於是連忙慌張地否認：「沒、沒有啦，我只是因為有點累，稍微瞇一下而已。」

對於一心認為工作必須認真專注的A來說，打瞌睡就意味著「偷懶、打混」，是非常要不得且錯誤的行為。

適度的休息不是偷懶

在另一個場景。

當B在專注工作的過程中覺得有些累時，他會承認自己正處於疲憊的狀態。於是，他閉眼休息了一下。

同樣地，同事過來問：「你睡著了嗎？」因為這句話，B才發現自己有一瞬間不小心睡著了，於是回答：「嗯嗯，對啊，我好像是稍微睡了一下。不過，也多虧小睡片刻，現在我的精神好多了。」

以「非完成不可」的想法工作，就會……

試著用「我想先做……」的想法做事吧！

對以自己情緒為出發點的B來說，如果累了，想稍作休息是極其自然的行為。面對同事的詢問，也能坦承「自己不小心睡著了」的事實。

因為是以自己的情緒為主要考量，所以一旦意識到想休息，就會即刻付諸行動。

你想和A一樣，用「非做不可」的態度與想法來強迫自己工作嗎？

或是像B一樣，以內心覺知「想不想做」的真實情緒做事？

當你用客觀的角度看了前述的例子後，可能會覺得那很可笑，但其實這正是你在現實中所遇到的狀況。

請你先拋掉「絕不能偷懶」的想法吧！

然後，將你心中的「偷懶」這個字轉換為「休息」，然後**允許自己有「因為我累了，很想休息，所以現在就放鬆一下吧！」這樣的想法。**

該休息就休息，累了就允許自己喊「暫停」。

尤其是在遇到工作瓶頸時，適度的休息反而會讓你找到突破的解答，或是發現

全新的努力方向。從這個角度來看，休息非但不是浪費時間，更是重新出發的動力。

02 當你無法感覺到工作的快樂

為什麼缺乏行動力？

正因為你強忍著自己容易厭倦、提不起勁的感受，才會衍生出「非做不可」的壓力，以及聽了他人的意見後產生「不得不遵從」的無奈。

尤其在過於在意他人的眼光時，自己的行為更會被對方牽著鼻子走，結果在不知不覺中對他人的言行過於敏感，並且覺得按照對方的意見行事是理所當然的。

有不少前來諮詢的人都會說：「我不知道自己真正想要什麼，也不知道自己到底想不想做。」其實，這些人大多能感覺到自己根本毫無動力，卻又不敢坦承就是

因為覺得痛苦才不想付諸行動，結果只好繼續擺爛。

他們會問我：「我也知道非做不可，但就是缺乏熱情，做什麼事都不開心。究竟怎樣才能讓自己有行動力呢？」

無意識的慣性思考模式

有著上述情況的你，請想想在生活中的種種行動，有多少是出於你個人的意願而進行的？

當你在做一件事情的過程中，會想到什麼、感受到什麼呢？還是你的行動本來就是按照直覺，無意識地進行呢？

例如，你在坐捷運時拿出了手機，你可曾想過為何會這樣做？是因為覺得很無聊、沒事做，所以想用手機上網或發簡訊來打發時間；還是已經養成只要一搭捷運，就會不由自主地拿手機出來看的習慣呢？

另外，你又是用什麼樣的心情來寫簡訊呢？是因為「我收到他的簡訊，所以一定要回覆」，還是「其實我不太想傳簡訊給這個人，但如果不回又不知他會怎麼想，所以還是回一下吧。」又或者，你是產生了「我想傳簡訊」的自覺，所以才去做這件事？

如果你是因為意識到自己「真的想要發簡訊」的想法，那麼就連你所寫的簡訊內容，也會吻合自己的心情，因為這是在你心有所感下所寫出的文字。否則當你做了感覺到無聊或厭煩，也是會將手機收起來的。

感覺自己的感受

雖然以手機傳簡訊這個例子只是一件小事，但若你總是像這樣在毫無自覺的情形下做事，那麼可能會因為對情緒缺乏靈敏度，而在不知不覺中對自己造成傷害。

不僅如此，除非你正專注於當下的事情，因而心無旁騖之外，否則不光是無法

察覺「想不想做」這樣的意念，就連覺得快樂、開心等這類的正面情緒的感受，也會逐漸變得遲鈍。所以即使是從手機傳簡訊之類的小事裡，也能測試出你是否重視自己內心真正的感受。

對人生越是感到厭倦的人，就越容易忽視自己的情緒。因為無法體會到正面的情緒與能量，自然也就無法產生滿足、充實、幸福的正向感受。也由於這些感覺是很理所當然的事，所以我們往往會在無意間就忽略了。

因此，**請先從「嘗試感受當下正在進行的事」開始吧！這是讓你踏出重視自己的第一步。**

03

凡事只能靠自己？

你對工作的期待是什麼？

在第一章中曾提到，如果忽視自己的情緒，會陷入「以他人為中心」的痛苦活法中，結果讓你堅信：必須隱藏自己真實的感受，不能表現出脆弱的一面，所以一切都必須憑著一己之力努力達成。尤其是那些自我要求嚴格的人，對於這樣的想法更是根深柢固。

當然，這種「嚴以律己」的態度，是你強加給自己的義務與責任，和「毅力」完全是兩碼子的事。

有一個人曾對我說：「其實我很想要好好工作，但我就是辦不到。」

但我認為如果他真的「想要」做好工作，就會因為充分體認到那份渴望與欲求，進而讓自己產生正向而積極的動力。

但是，當他說出「其實我很想要好好工作」時，他真能確定自己感受到的是積極而正面的情緒嗎？我認為他倒不如該充滿擔憂地說：「我一定要努力做事才行，要是一直沒辦法專心工作，說不定我會被裁員。我真的好怕會發生這種情況！」這樣才符合他真正的心情。究竟為什麼他非得裝出一副「嚴以律己」的態度呢？

原來，不安是源於童年不被認同的記憶

在討論這個問題前，請你先回想一下，昔日在家中，你與父母間的親子關係如何呢？

在家中，你的感受及意願曾受到重視嗎？

當你將自己的想法告訴父母時，他們是否會恍然大悟地說：「這樣啊！原來你是那樣想啊！」「原來如此……強迫你那樣做真是抱歉啊！是我不好，完全沒考慮到你的心情！」父母這樣體貼回應你的次數多不多呢？

又或者他們總是單方面指使你、命令你，將他們的意願、價值觀強加到你身上，對你無法達成任務和失敗也多所責備、怒罵？

如果你的情況屬於後者，那麼你一定會將所有心思執著在「我想被父母認同！我想要得到讚美！」的想法上，而在出社會後，也繼續套用那種意識。

因此在公司裡，每當你遇到和家庭教育環境類似的場合，或是你產生相似的心境時，你就會運用在家中形成的那套親子相處模式來應對。

在家庭教育裡，要是你一直不斷被灌輸「只要你肯努力就一定能完成！」之所以沒辦法成功就是因為你不夠努力」的想法，那麼在公司裡你也會很想得到主管的認同，所以你一定會如同要博得父母肯定般地拚命表現。

在家裡或學校裡，確實只要遵照雙親或老師的要求，就能不辜負他們的期望。

然而在職場上，「只要努力工作就會被肯定」的想法卻是行不通的。

例如，你對能否完成分內工作會感到惶惶不安，但向來你都深信「絕對要靠自己獨立完成工作」，因此你無法承認自己害怕的情緒，否則你就會發現原來自己是個「懦弱的人」。所以你一邊壓抑著焦慮不安的情緒，一邊想著一定要靠自己的力量堅持到最後。

建議你不要在意工作完成後的結果，而要先承認自己有「原來我是因為被賦予工作重任，所以才會覺得不安」這樣的憂慮。

04

承認脆弱的勇氣

「上司訊號」真可怕？

你不敢承認內心感到不安，是否因為這樣就代表你承認自己是個懦弱無能的人？

那麼反過來說，如果對自己隱藏「正壓抑不安情緒」的這種行為，是否就能讓你變成堅強的人呢？

也許你堅信，這個問題的答案是肯定的。

但要是回顧過往，你應該會發現這樣做的結果早已得到印證：你正是因為一直

壓抑著不安的情緒，所以才會陷入心情低落沮喪的漩渦中。

舉個例子來說。假如你遇到下列的狀況，會如何處理呢？

你坐在辦公桌前，由於迫在眉睫的工作期限讓進度無法順利推展。然而，越是急著完成工作，你就越難釐清思緒。「得加快腳步」的焦慮感吞噬了你，讓你壓力倍增。

此時你發現主管正朝你走來，你只能心驚膽顫地瑟縮著身體，擔心如果被問及工作進展時該怎麼回答。

由於你太在意他人的看法了，於是開始不由自主地想：「萬一他問我，我要怎麼回答呢？」「如果他知道工作沒什麼進展的話，我是不是會被臭罵一頓？」

所幸主管沒開口詢問工作進度，但你還是覺得他經過時意味深長地看了你一眼。

不光是工作上的事，你也疑心著主管是否隨時都在監視你，因而無法專注於工

作。一旦惡化到這種風聲鶴唳的程度，別說要認真工作，光是把心思放在工作和主管之間打轉，就已經使你筋疲力盡了！

此外，在工作過程中，其他新的問題可能也會接踵而至，倍感壓力的你會質疑：「我可以繼續這樣做嗎？萬一我弄錯的話……」可是，你無法向主管詢問，因為你覺得如果問話不得體，會被怒罵：「你連這種事也不會嗎」、「怎麼進度還卡在這種地方」。

光是想像那種場面，就已經令你膽戰心驚了。

如果每天持續用這種心情上班，別提要樂在工作了，上班對你來說根本就是如坐針氈，而且你的自信心也會一點一滴被消磨殆盡。

告訴自己：「我已經夠好了！」

一直以來，你在感到痛苦時都會想著：「我一定要靠自己努力撐過去。」

也許你是因為害怕找人商量；也或許你誤以為忍耐到任務完成，自己就能變堅強。無論是哪種原因，總之，面對難關時，你幾乎都壓抑著自己的不安與無助，獨自承受著一切。

不假手他人幫忙，單靠自己努力就能完成工作，這樣固然很有成就感，但還是希望你能先記住：**忍耐地努力到底，以及能面對他人充分表現自己，是兩種完全不同的能力。**

試想，如果你獨自閉關修行，這樣和他人的溝通能力有可能進步嗎？不用說也知道，就算可以增進單獨生活的能力，但卻無助於提升溝通能力。

當然，害怕表現自我、一旦說出內心的想法就擔心別人的眼光，同樣也是沒有意義的。因為比這件事更重要的是：回顧過去父母對自己的教育方式，然後告訴自己：「僅憑一己之力也沒辦法完成是很正常的事」，並自我激勵：「你辛苦了」，這麼做才是真正的堅強。

獨自承受著不安，讓人筋疲力盡。

焦慮不安

一直發抖

我應該早點完成的……

這樣做真的沒問題嗎？

如果被主管知道的話，說不定會被罵到臭頭。

疲憊

唉！好累喔！

或許，從小你的父母就不允許你表達內心真實的想法。那麼不敢承認自己心懷恐懼，對你而言已是一種被制約的行為，這也是很理所當然的事。

總之，**相信自己一直都做得很好，比什麼都還來得重要。**

05

挨罵的技術

不喜歡「輸」的感覺

要更瞭解自己，還有另一項必須深入探究的事。

如果你害怕表現自己，可能是因為在你內心深處有著「要和他人對抗」的意識。

現在的你可能會覺得「對任何事都毫無幹勁」，內心也一直委靡不振，但這或許是你「老想著要贏過對方」所造成的。

也許你會抗議：「才沒有這回事！我打從心底就討厭要和他人爭個你死我

活」，但可能這其中是隱藏著你「不甘示弱、不服輸」的潛意識。

很多人都認為：「絕對不能被別人發現自己的弱點，否則就會被瞧不起。」

其實，這種想法表示你比自己想像的還要害怕失敗。

越是在意他人的看法，就表示對他人越懷有「我想得到認同！我想得到肯定！我想獲得讚美！我想得到關愛！」的期待。因為那代表你缺乏自信，只要對方沒有點頭表示讚許、沒有給予「我知道你要（表達）什麼了！」這樣的肯定，你就無法安心。

不懂得自我滿足的人，只要沒得到他人「你很厲害！了不起！你做得非常好！」的讚美之詞，就越容易被不安所控制。他們往往會希冀從他人身上追求或強求稱讚，藉以建立自信心，獲得滿足。

在努力的過程中希望能獲得他人的認同，是人之常情。但要是因為太在意能否被肯定而讓自己感到痛苦的話，又會是什麼樣的情況呢？

你會因為缺乏自信，覺得沒有任何人認同你；也由於你太在意他人的反應，使得這件事看起來似乎很嚴重。此外，只要和別人比較，你就會覺得自己「已經輸了」，並對此感到沮喪不已。

態度傳達出你心中的ＯＳ

設想以下這種情境。

假如主管對你怒吼：「為什麼出事前你都不說？如果你不瞭解，問一下不就可以了。」但站在你的立場，可能會想這樣反駁：**「因為我知道如果說出來，你就會像這樣對我大吼大叫，所以我當然就害怕什麼也不敢說啊。」**

你的內心深處可能也有「為什麼總是針對我！」的忿忿不平。對於總是會和別人比較的你來說，能想到的原因，就是主管對你比對其他同事都更嚴苛。

然而，因為你畏懼主管，所以這種話當然說不出口，只能低頭畏縮地默不作

聲。

你那種唯唯諾諾、畏首畏尾的態度，看在主管的眼中又會是什麼模樣呢？

想必連你也知道自己那種敢怒不敢言的神情與態度吧！然而，這樣的表現，是否也潛藏著你其實是否定或想反抗主管的意識？要是你仔細審視自己的內心，應該就會發現這件事。

儘管你對主管心懷畏懼，但**如果那種害怕的感覺是藏在潛意識裡，那麼實際上你所表現出來的，很可能是對主管抗拒與不滿的態度**。若你是打從心底害怕，更可能引發主管對你產生「霸凌」的心情。

也就是說，也許你認為自己是因為主管的斥責才會畏縮，然而對方也可能是被你這樣的態度所刺激，因此才會想對你怒吼。人與人之間不光是因為彼此個性差異而形成不同的人際關係，其互動方式其實也會相互影響著彼此的言行，這就是所謂的「交互作用」。

也許你對於向你發飆的主管無能為力，但這時更重要的其實是要客觀地檢視自己的態度，瞭解自己在主管的眼中是什麼樣子。

即便你和主管意見不合時不與之正面衝突，但希望你也能產生「如果我能改變自己就好了」的心態。即使只是隱約閃過這種念頭，對你而言也是一個重大的進步！

06

職場人際關係不適症候群

隱藏在忍耐背後的不服輸個性

面對對你怒吼的主管或同事，如果你覺得自己「真怕跟他們說話」，甚至是「怕輸、怕受到傷害」，那麼你是否察覺到：在你內心深處其實也有「想與之對抗」的念頭？如果這樣的念頭夠強烈，在面對會攻擊自己的對手時，你多少也會產生「我絕不能輸」的想法。這種即使很害怕，卻還是想戰勝對方的願望，說實話，有時還真是很難實現，因此只能長久默默忍耐著。

但是，如前文所述，人際關係是建立在「我和他人」之間的互動關係上。

因此主管會對你怒吼，就是因為當你表現出畏懼、否定對方的情緒時，也同時用忍耐的態度應對著。看到你這種模樣，主管才會越來越生氣。因為從這樣的角度看來，你等於是堂而皇之、明目張膽地和主管處於敵對狀態。

其實你並不想與對方產生衝突，但在面對別人時卻總是無法釋出善意，相形之下，就像是故意擺出敵對的姿態。在這種情況下，即使你只是個畏懼現實的弱勢者，但還是讓情況演變成與他人對立的狀態。

你散發的友善輻射能量有多強？

這種敵對的情況不只會發生在你和主管之間，在你與同事相處時也屢見不鮮。

雖然我們一再強調「要重視自己的感受」，然而這件事要比想像的困難多了。例如，如果你深信「開朗的個性比較受歡迎」，因此為了被人喜愛，你會想成為個性開朗的人。但「我想成為」的想法，終究只是你個人的期待，並不是源自於

內心真正的情緒。當你產生「我想要受歡迎」這一類的念頭時，事實上還可能夾雜了你認為「人都是很可怕的」的恐懼。

如果你無法察覺到其實自己心懷戒慎恐懼，那麼當想親近他人時，反而會感受到「那個人老是對我不理不睬」、「大家都在排擠我」的不友善。然而，就像是情緒狂飆的主管眼中看到的你一樣，如果你「害怕與同事相處」，那麼那份恐懼也會忠實地傳達給對方，他人自然無法從你身上感受到其實你滿心期望能「和他人親近」。

「保持現狀就好」的人際求生術

一個在乎對方一言一行的人，會因為內心被他人的一切所占據，而無法意識到自己是用什麼樣的心情和對方打交道。

正因為你無法自我察覺，所以連自己究竟表現出什麼樣的態度與表情也毫不自知。

即使表面上再怎麼面露笑容，你的意識也會確實地傳達給對方知道。而且，在

也許你自己早就對同事產生抗拒的想法。

同事看來，你強裝友善的態度，反而更顯現出其實你一直拒人於千里之外。

如果以前面提到人與人之間會產生「交互作用」的觀點來看，你對同事的態度就像是被主管覺得你正在反抗一樣，不但表現出否定對方的意味，也傳達出「走開！不要靠近我」的訊息。

如果你因為人際關係而感到內心受創，甚至到了「唉！我看什麼都討厭」的地步，那更要承認自己的確「我其實很怕和人接觸。雖然我感到很寂寞，但只要和人在一起，就會讓我感到痛苦。」然後，接納這樣的想法並且安慰自己：**「對我而言，其實只要保持現狀就好！因為這樣才是比較輕鬆的狀態。」**

07

「我真的不想幹了！可是……」

當你活在抱怨的世界

如果你每天煩惱著「我好想辭職」，卻始終沒有採取行動，那代表你是藉著每天發出「我好想辭職、我好想辭職……」這樣的牢騷，讓內心取得平衡，否則就會沒有動力去上班。

但是，這種以心生抱怨、滿腹牢騷來達到的「假和諧」，不只會影響到工作的情緒和績效，對於生活其他的層面也會產生極大的負面效應。

以另一個例子來看。假設，你正考慮「是否要和另一半離婚」這個問題。

實際上，你始終無法下定決心，因為你可能有許多無法斷然付諸行動的理由，例如：覺得恢復單身很可怕、經濟上無法獨立、面子上掛不住等種種原因，或是已經失去重新出發的動力等等。

又或者你會用一些理由來說服自己，像是：「我好想離婚啊。等孩子再大一點，我就離婚吧。要不然等找到工作後，再來考慮這件事好了。」將希望寄託在「總有一天，我應該會離婚吧」的想法上，而繼續忍受目前的婚姻生活。

換句話說，這只是靠著「我終將會離婚」的自我安慰，讓自己對未來能抱著一絲希望，藉此在保持內心平衡的同時，能安於現狀的姑息心態。

辭職不是解脫的萬靈丹

當然，並不是說這種讓內心取得平衡的方式不好，但更重要的是接納自己下面這樣的想法⋯⋯**「原來我是因為害怕辭職（或是害怕離婚），才會讓害怕的感覺掌**

控了自己。」如果你沒有察覺到潛藏在自己心中的恐懼，想離職的心情只會日益嚴重，使你陷入天人交戰中；並且，「我還是做不到」的想法，也將不斷消磨你心中的動力。

一心想要辭職的人也許會說：「就算承認自己會害怕又能怎麼樣？反正也不能改變任何事吧？而且這樣做反而會讓自己更累，所以才會覺得煩啊！」

然而，真的是這樣嗎？

那麼，先做個實驗看看吧。

請你試著大聲唸出下列的句子：

「我不想上班了！我要辭職！我要辭職！我要辭職！我要辭職！」

在這裡先暫停一下。你有什麼感覺呢？是不是越說越覺得辭職這件事很困難呢？

接著，你對自己坦承「因為覺得害怕，所以才不敢付諸行動」的感受後，再大聲唸下面的句子：

「雖然我一直不想幹了，但跟『想辭職』這件事比起來，我覺得辭職更可怕。」

原本還堅信只要辭職就能脫離苦海的人，現在應該可以發現問題的癥結，其實不在於你辭不辭職，而是目前的狀況雖然讓你感到痛苦，但你始終無法面對自己內心的真正感受，所以才會遲遲一直無法提出辭呈。

如果你能像這樣先認清自己的本意，心情就能稍微放鬆一些。

我常常會對前來諮詢離職問題的人說：「除非你改變自己，否則不管辭職幾次，你還是會陷入相同的狀況。」即使能順利離職，也不可能在根本上解決所有的問題。因此，**和自己進行開誠布公的內心對話，對你而言才是一種進步。**

08

就像每天只存一塊錢，一分鐘也能練出專注力

閉眼靜默一分鐘

當然，如果你真的工作得很痛苦，甚至到了難以忍受的程度，那麼辭職也是一個辦法，並不是任何事都要堅持到底不可。

只是你面對的是，不辭會覺得痛苦，辭了又會感到害怕的兩難處境，不管是何種選擇，你的內心都會受折磨。長期下來，你很可能會逐漸產生「事情變成什麼樣都無所謂了」的自暴自棄心情。

若是你正處於左右為難、不知該如何抉擇的狀態時，那就趁你正式辭職前，先

來進行一次「以自我為中心」的練習吧！

雖說是練習，但也不算是很困難的挑戰，只是先從你做得到的事情開始著手就行了。**我稱之為「每天存一塊錢」的練習，它就像儲蓄一樣，有積少成多、聚沙成塔的特質。**

你不必花費心思進行困難的挑戰，而且因為是從輕而易舉的小事開始著手，所以不用害怕失敗，也能完成任務。在你還沒有面對他人進行練習的勇氣前，請先從自己能單獨辦到的事開始著手吧。畢竟，生活中隨處都有能讓你獨自完成練習的機會。就像是下面的這個練習。

你是否能閉上眼睛一分鐘，而且保持靜默不語呢？現在，就請你試試吧！

這時，你有什麼感受呢？

如果你旁邊有人，可能他正在看你，這時你是否還能泰然自若呢？如果你一直很在意他人的目光，哪怕只有一分鐘，你也會覺得非常久吧？

接著，將意識集中在耳朵上，你是否覺得自己已經伸出了感應周遭環境的天線呢？如果你在意他人的眼光，那麼這時身體應該也逐漸緊繃了起來。

越是處於心煩意亂、覺得凡事都不如意的人，就越容易坐立不安，覺得周遭吵雜不已，甚至在這一分鐘內都無法安靜合眼。

身體放鬆的練習

接下來，請大口吸氣，然後讓臉部、肩膀、腹部、臀部以及四肢同時用力，讓全身處於緊繃的狀態。

然後，一口氣把吸入的氣全部吐出，同時放鬆全身的力量。

現在，請你感受這種放鬆的狀態，並讓呼吸步調趨於緩慢。這時你會發現自己的身體開始變得輕盈，感覺也很舒服。

像這些小動作能帶你到達從未探索過的新世界，也將成為你「每次存一塊錢」

的舉手之勞。

不過，也有些人完全無法感覺到放鬆。也許這是因為他們太過在意他人及受到周遭環境的干擾，結果不但無法專注於自身，也因為在意他人而壓抑了自己的情緒和感受力，這樣可以得知你對於自身感覺的敏銳度已經變遲鈍了。

假如你是這樣的人，那麼先讓自己維持目前的水準就夠了。

無論如何，透過這樣的練習，能讓身體開始比平時還要放鬆。繼續進行這樣的練習，不用為自己難以達成目標而喪氣，只要你持之以恆，一定能讓身體的敏銳度逐漸恢復。

總之，在一開始練習時，即能發現自己的敏銳度是處於遲鈍的狀態，就是一項重大的突破，能做到這一點就已經很不錯了。

「確實體會放鬆」的練習。

吸氣

呼氣

大口吸氣後，讓全身的肌肉用力緊繃。

接著一次將氣全部吐出，並且讓全身放鬆。

只要將全身的力量放鬆，呼吸就能變得更輕鬆哦！

第三章

〔擁抱在人際關係裡的脆弱〕

從學會與自己相處開始

01

你覺得自己是無用的人嗎？

以下是某個職場的工作場景。

當A覺得有些疲倦正在閉眼休息時，不巧被上司撞見了，於是便對著A開罵：

「你在偷什麼懶啊！拜託你工作效率再提高點行不行！」

然而，在B閉眼休息時，上司卻會安慰對方說：「辛苦你了！你一直都這麼努力工作，所以很累了吧。」

A看到那樣的場面，於是對上司感到很不滿⋯⋯「明明都是閉目養神，為什麼B

被稱讚，而我就非得挨罵不可呢？」

在A氣惱的同時，也將自己和B的工作能力做了一番比較，結果反而讓自己更沒自信。

後來A和B一起合作。B可以俐落地處理分內的工作，反觀A則是無法讓工作有所進展。

就在B完成工作後，開始準備稍作休息時，A就在心裡抱怨B：「什麼嘛！既然事情都做完了，那麼過來幫幫我不是很好嗎？」

而且，A的心理障礙不光是對B有成見而已。每次A只要一看到上司，就會怕自己看起來動作慢吞吞，上司會突然抓狂怒吼。

後來，B注意到A跟不上進度的工作狀況，因此詢問：「如果你覺得方便的話，可以讓我幫忙嗎？」A一時間愣住了，不知該如何回答，只能含糊地回答：

「咦？喔！好啊！」

雖然透過B的幫忙，讓A減輕了負擔，但A的內心卻感到五味雜陳。他冷眼旁觀著B幹練俐落的工作態度，心想：「唉！雖然我們是同期進入公司的同事，但他現在卻已經遙遙領先我了！」這樣想著，A的意志就更加消沉了。

開口求助，不會沒面子

對於這個例子，你有什麼想法呢？

如果你是個缺乏自信的人，一定也會對A的想法覺得心有戚戚焉。因為你對事情總是持負面看法，認為自己很沒用，當然就會喪失鬥志。

要是這時你能開口對B說：「請問你能幫我做些事嗎？」也許就能緩解內心的不安。

當然，對現在的你來說，向別人求助是一件高難度的事，可能還會覺得：「要

想像「能對比自己『能幹』的人提出請求」。

拜託對方幫忙？那我豈不是很沒面子？」

如果你真的這麼認為，那麼最起碼你就先想著：「如果有一天，我能開口拜託別人幫忙就好了。」承認自己需要求助，坦然接受「自己做不到」的事實，然後讓負面的想法就此打住。

別人會造成困擾」這件事情太過在意。

世上沒有「不會對任何人造成困擾就能生存下去」的人，所以，也不要對「對別人會造成困擾」這件事情太過在意。

或許有一天你會發現，適時尋求協助，可以滿足我們內在被愛的渴望，也代表你渴望學習與改變。

現在做不到，又有什麼關係

其實，對事情抱持著「我辦不到」的態度並不是壞事。

看到這裡，請千萬不要誤解我想表達的觀念！當你因為「辦不到就開始退縮」

時，其實都是有原因的，這通常是因為你過去的負面經驗所致，然而在現在這個時間點上，你並不需要剖析這個理由的來龍去脈。

讓自己衷心認為「既然現在辦不到，那就希望自己將來有一天能辦到」，才是更重要的想法。因為「現在辦不到」這句話，會在你人生中成為勉勵自己「總有一天辦得到」的座右銘。

02

重拾昔日的活力

小傷害會累積成大創傷

你過去受傷的經驗，即使對你並沒有達到心理受創的程度，但也可能或多或少會影響你一輩子。

而且，要是在每天的生活中不斷重複遭遇相同的經驗，那麼即使是「小傷害」，也會因為在傷口尚未癒合時一再累積創傷，而逐漸演變成「大創傷」。

在前幾篇文章中曾提到的「我一定要聽命行事」或是「我非做不可」的想法，也都是因為你在不知不覺中一直按照他人的命令行事，始終壓抑自己的意志，而讓

你逐漸喪失自我，變得毫無自信。

以下是常出現在日常家庭生活中的景象。

父母會用命令的口氣對孩子說：「別隨便把書包亂丟在那個地方！快點給我收拾好！」或是擔憂地叮嚀著：「穿得這麼少會感冒的！快穿上這個！」

這些情況在你童年時是否似曾相識？在學校你也會被強制要求：「不能做那個，一定要做這個」之類的規定。此時，如果你堅信「我一定要遵從父母、老師所說的教誨」，對於服從那些指示、命令或規則，或許會認為是理所當然的行為吧！

那麼，現在已長大成人的你又是怎麼想的呢？

你是否會意識到「要不要服從都是我的自由」？還是像以前一樣，認為「服從是不容質疑的」呢？或者你根本就不曾懷疑過這些事？即使在你按別人所說的目標前進時，你可能還會認為這是天經地義的。

享受「打從心底」產生的喜悅

當你產生「我才不想做這件事」的念頭時，會怎麼處理呢？

如同在前一章裡所述，在你思考的認知裡認為「非做不可」的事，在你內心中的真正情緒卻可能是「我才不要呢」。

如果你以自己的情緒為前提做去考量，是否能做出「因為我一點意願也沒有，所以乾脆就別做了」的決定，並在事後衷心地認為「幸好我沒有那樣做」，而且也不會自責：「唉！我明明非做不可，結果卻沒去做！我真是沒用！」

你是否能打從心底對自己的這項決定感到慶幸、知足呢？

這種「打從心底」產生的感受是非常重要的。

要是你因此內疚不已的話，那你只會覺得：「繼續自責會讓我覺得痛苦，但不去做我也會感到痛苦。」不管如何，你得到的結論都會是：我真是個沒用的人。

當你懷念過去的自己

前來諮詢的人，常常會拿以前的自己和現在的自己比較。

他們會說：「雖然我現在很沮喪，但以前的我可是很有精神的，所以我想變回以前那個活力十足的自己。」

然而事情真有這麼簡單嗎？

事實上，是因為你常壓抑感受和情緒，讓自己陷入「非做不可」、「非得如此」的困境中，才使你瀕臨無法忍受的底線。

這就是迫使你處於「現在這種狀態」的真相。

03 找到你的人際舒適圈

解決無法與人深交的難題

如果當你與他人親近時，卻陷入「真難和人混熟」的煩惱中，那麼有可能是你潛意識裡並不是很想和人打成一片。

例如，當你在文化交流中心上課時，看到不遠處有幾個彼此很要好的人聚在一起聊天，但你對大家快樂地嘻笑並不感到羨慕。雖然你也覺得「如果我能像他們那樣開心地交談就好了」，卻始終無法打破和大家之間的隔閡。結果在產生疏離感的同時，你開始覺得這樣的自己相當悲慘。

如果當C邀請你加入大家的行列時，你是否能對邀請你的C誠懇地說句「謝謝」呢？還是會暗自揣想：「他一定是因為同情我，才會讓我參加」，並且覺得這樣的自己很悲慘呢？

接著，身在群體中的你會感到很快樂嗎？還是你在察言觀色中，拚命地想配合大家的話題，並且費盡心思不破壞愉快的氛圍呢？

結果，可能你無法跟上大家的話題，只能沉默以對。雖然你靜靜地聆聽，但談話內容卻沒有傳進耳裡，因為你的腦中已經固執地充滿著「大家到底都在想什麼呢」這類的想法。

怎麼做也無法融入交談的你，沒多久就覺得自己像是個外來客，開始感到自己難以待在團體當中。

不為難自己的自在

或許你已經發現，不論在任何狀況下，你總是會選擇負面想法。也因為這樣，不管你是獨處還是在群體中，都會感到痛苦。

如果情況繼續惡化，你就會不自覺地陷入自我厭惡當中，開始自暴自棄地認為「反正不會有人來找我聊天」。

在此，希望你能先記住一件事，那就是：你眼中看起來「似乎正愉快交談著」的人，其實也是和你抱持著相同的心情待在團體中。

並不是只有你覺得「一個人獨處會感覺自己被排擠在外，而且和大家一起聊天又不一定會快樂」，只是其他人和你略微不同之處在於：和你相比，其他人或多或少都會將焦點放在「當下」。

你之所以無法專注於當下、著眼此刻，可能是因為你正被思考或是其他因素所

制約。例如，你或許想起過去曾受傷的經驗，或是對未知的狀態感到不安。在胡思亂想時，通常都會想到不愉快的事，讓人感到徬徨無助，導致陷入「我已經撐不下去」的絕望感。

相對地，在你看來很快樂的那些人，他們會在一個人安靜獨處時，對著無意間瞥見的花朵發出「真是漂亮啊」的衷心讚嘆；又或是在看到新生兒時，會忽然察覺到自己內心溫柔的那一面。

這些人即使有時會失去衝勁與動力，但不會一直放任自己沉溺在沮喪中。

他們能不被念頭或想法帶著跑，讓自己處於安心而專注的狀態。

在和人相處的時候，即使會產生不自在的疏離感，他們還是能察覺到有人會回應自己，或是發現某人的話是很有趣的。

這都是因為他們能以正面的想法察覺「當下」的那一瞬間，把能量集中在「現在」，把焦點放在此時此刻的想法與感覺上，不會心有旁鶩。

如果讓心徘徊在過去和未來之間，便無法「活在當下」。請用心感受「此時此刻」的幸福與滿足。專心體會你看到、聽到、感覺到的事物，認真生活，試試看，你會更容易感到快樂。

04

做自己最好的心靈伴侶

寂寞具有殺傷力

人類是群居的動物。

我們多半身處在人群或團體中，不論去超市、便利商店、郵局或銀行等各種公共場所，都會遇見來往的人潮。即使我們是單身獨居，但只要感受到周圍人們的動靜也能令自己安心。因此在正常情況下，我們並不會感受到離群索居的空虛寂寞。

但是，如果真的遭到孤立，我們就會在感情上無所寄託，甚至心靈無助到無法忍受的地步，畢竟隻身一人就是會感到孤單而痛苦。

據說，美國曾經透過實驗測試學生忍受孤獨的限度。他們讓學生待在小房間裡，這個小房間不但設置了完全與外界隔離的隔音設備，而且也將其中的視覺刺激降低到最低限度。

從實驗結果發現，沒有一個人能在此狀態下忍耐三天以上。其實，即使不需要那種實驗的印證，我們與生俱來的生物本能也會知道孤獨的可怕。

因此不管是誰，如果沒有和人見面或說話的機會，我們就會開始渴望和他人交流。當感覺被孤立時，也會希望有人可以待在自己身邊。

你渴望被愛，卻忘了先愛自己

只要有人陪伴，你就不會感到孤獨。但光是這樣，還是無法令人感到滿足。我們更想要被他人關愛，期待身邊有瞭解自己的人。

當我們深受孤獨之苦而感到意志消沉時，就會期待「希望對方能認同我、愛

我」，這完全是源自於「渴望」的想法！

當你對自己說：「希望有人認同我、瞭解我、關愛我，也希望有人肯親近我」後，有什麼感受呢？

現在你所體會到的那份心情就是「渴求」，你期望「他人瞭解自己、認同自己」，你正在向他人索求，希望他人可以滿足你那份企盼。

然而，那個「他人」又是誰呢？是不是其實根本就是「你自己」呢？你是否能滿足自己的渴求？你能認同自己嗎？你瞭解自己嗎？你能體貼自己的內心嗎？

假設你陷入那種渴求的心情時，如果「他人」附和你說：「原來你覺得痛苦啊？這是當然的。你有這種感受是可以理解的呀！嗯嗯……對啊。」你會有什麼感受呢？要是聽到有人這麼對你說，你內心是不是會舒坦一些？

如果答案是肯定的，那麼上述的那些話，不要要求「他人」，而是要你對自己說。

每個人都應該學習「愛自己」的態度。現在就從真誠面對自己內心的渴望，並好好聆聽自己開始。

這就是認同自己。這就是瞭解自己。這就是體貼自己。

05 是喜歡，還是依賴？

自我犧牲的愛

以自我中心主義來看，如果想得到愛就要先照顧自己，不過這絕不代表可以完全不顧慮他人的感受。

之所以會產生這種誤解的人，也許就是因為他們正陷入以他人為中心的感受裡，並且缺乏善待自己、以自我為中心的經驗。

所謂「先照顧自己」的真正涵義，就是**「透過尊重自己，也能讓自己更尊重他人。」**

在日本，有時候會將「犧牲小我，完成大我」視為美德。如果從自我中心主義的觀點來看，「以自我為中心」和「犧牲小我，完成大我」，這兩件事是互相違背的觀念，但我希望你能對「犧牲小我」這一點加以思考。

因為很多人在犧牲小我後，反而會讓狀況更加惡化。因為越是自顧自地努力付出，卻沒有顧及對方的需求，就越有可能被對方背叛，或是讓對方自覺無用而喪失信心，失去生存動力。

你相信「越是愛對方，反而越會讓對方變得更沒用」這個論點嗎？

當你以他人快樂為己任

請你站在與此相反的立場來思考以下這個狀況吧！

假如你的公司由於不景氣而倒閉，你也因此深受打擊而懷憂喪志，對做任何事都提不起勁。

這時因為因緣巧合，你開始搬進情人的家中一起住。不論是三餐、洗衣還是鋪床，你的情人都會為你打點好一切。

而且對方一直相信，只要你付出，表達對你的情意，你絕對會為他重新振作。

如果你說「沒有力氣出門」，你的情人會擔心你，即使他已經累了，也會馬上為你出門租DVD。如果你想出門逛街，他會說：「你就出去散散心吧」，然後將自己辛苦節省下來的生活費給你當零用錢。

當你的身影剛開始消失在他的視線中時，你的手機就立刻響起來，因為對方會打來關心地詢問：「你現在在哪裡？一切都還好嗎？你在做什麼？下雨了，你有帶傘嗎？需要我去接你嗎？」

情人一心一意只希望你重新振作，於是竭心盡力地付出。

面對這樣的情人，你有什麼感受呢？

可能有人會認為：「這樣的話，我可以什麼都不用做了，這正是我夢寐以求的

舒服生活啊！」

就生活的實際層面來說，這樣確實是很美好。

但你內心深處真實的感覺又是什麼呢？你會不斷湧現出：「謝謝你！我真感動啊！我甚至有想早點找工作的衝勁了。」的強烈欲望嗎？

還是情人越是為你付出，你反而越失去鬥志，而且也對於對方的一片真心感到厭倦與不耐呢？

用依賴呈現的不安全感

情人對你傾注情感，多所犧牲，但你的潛意識裡感受到的卻是不同的訊息：

「你要是沒有我就什麼都做不到，你就是一個沒用的人啊。」

不，這不是你的錯覺，你會有這種感覺，正是因為情人在潛意識裡的確是這麼說著。

在對方的內心深處，他無法接受你現在的真實樣貌，他認為你的形象應該是他理想伴侶的模樣。

雖然情人要求你變成他的 Mr.（Miss） Right，但同時他也對你傳送矛盾的訊息，那就是：「我想要你依附我，甚至沒有我你就活不下去。」

也就是說，只要你越缺乏動力與幹勁，越無法獨立生活，你離開對方的可能性就越低，他的內心也能放心地依附你。

付出，讓他可以感覺到自己的存在，也換取你的依賴，如此他便可擁有安全感。

所以，你對於為自己百般付出、犧牲的情人會覺得喘不過氣來，是正常的感受。

記住，會讓你害怕，讓你失去自信，或讓你缺乏安全感的，都不是真愛。

06

學習跟重要的人說再見

當共同依賴成為沉重的負荷

當我們過度以他人為中心，生活繞著別人打轉時，情緒就會失衡。

就像在前述的例子中，你也許一直將對方「犧牲自己也要為你付出」的行為誤認成愛，而且也努力試著回應那份愛。

然而，你在當下也會感到痛苦、喪失自信，甚至認為如果失去情人就會活不下去。然而情人面對那樣的你，或許心中也正嘆息著：「明明我不斷付出，但我的情人卻是越來越沒用。」並且覺得自己的努力得不到回報。

就像你依賴著情人一樣，情人其實也在依賴著你。

在這種「付出與被付出」的關係下所形成的「共同依賴」，最後終將導致你和對方分手，因為這種愛已經成為你的負擔，並超出你所能負荷的極限。

「母親病」就是一種依附病

不光是戀人之間會產生這種狀況，就連親子間、職場上，或是其他的人際關係也會產生一樣的問題。

如果你對生活中的一切都感到疲憊、無力，那麼請想想，你身邊是否有人正在奪走你的能量呢？

或許，不是只有你會依賴對方，對方應該也全心全意地依賴你。如果你沒有察覺到這個情況，反而可能會自責「是我自己不好，是我太沒用，讓人太失望了。」

在此以親子關係為例，試著從父母的立場來看看「依附關係」吧。身為父母的

你，一旦特定的人（孩子）不在身邊時，就會惶恐不安，甚至會產生「沒人想待在我這種人身邊」的自卑與恐慌。

由於你無法肯定自己的價值，認為比自己有優勢的人遲早都會離開，於是便會在潛意識裡開始思考：「孩子在長大後應該會照顧我吧？不過孩子遲早也要獨立，到時他如果真的丟下我不管，那我該怎麼辦呢？」

接著，你會進一步盤算：「為了不讓自己孤單終老，我要不斷照顧孩子的一切，要設法做到讓孩子沒有我就活不下去。這樣，我們就能永遠在一起了。」

如果真的能達成這個目的，那代表**你在親子關係中很巧妙地讓自己處於主導的優勢，同時又能光明正大地依附著對方。**

有些母親會坦承：「我的確是這麼想。因為只要孩子一旦長大獨立，我就會不知所措。」

一直以來，你對任何事都會毫不猶豫地責怪自己，即使是在你重視的人離你而

想法。

去時也是如此。但其實錯不在你，而是因為對方也想依附你，所以才讓你產生這種想法。

如果現在你能察覺到這個事實，就會恍然大悟，也能更疼惜將所有過錯都往身上攬的自己。

07 把每一天都當做一生來過

活在當下，就能自得其樂

有些人獨處時會感到很寂寞，但和別人相處時卻又惶惶不安，擔心自己會令人覺得無趣。也有些人覺得獨處很愉快，但和別人在一起也很不錯，也很開心。

這兩種人到底哪裡不同呢？

不管是在獨處或是和別人相處時都會覺得很愉快的人，是因為他們懂得「活在當下」。

「活在當下」是什麼樣的情況呢？

舉個例子。假設有一群人身處開放可以自由來去的空間裡，那些能「活在當下」的人，若是覺得自己比較想閱讀而不想與人交談時，即使有人在身旁聊天，他也照樣能心無旁騖地埋首在書中的世界。

又或是如果大家都在聊天，即使他只是在一旁安靜不說話，他也會專心傾聽，融入周遭愉快的氣氛中，並且自己也感到很快樂。

「活在當下」的人就像這樣，不論是獨處還是和別人共處，他都會重視「當下」的感受，自得其樂。

「現在」，是上天給我們最好的禮物

在這個當下，我覺得開心。

在這個當下，我覺得快樂。

在這個當下，我感到幸福。

在這個當下，我感到滿足。

活在當下的人，能用這樣的心態品味「當下」，用正面的想法體會自己真實的存在感。

如果你能專心一意於感受當下，那麼在面對他人時，就會自覺到「和你在一起，讓我覺得很快樂，很滿足。」

要是你在和他人相處時心懷這樣的真誠，那麼這份善意就會傳達給對方。一旦對方接收到，他的心情也會因此感到愉悅，並且想和你成為朋友。

這樣一想，你會發現，並非「如果對方能迎合我的心意，那我就會感到愛或滿足」，而是**「是否能確實感到愛或滿足，其實是由我自己決定。」**

如果你的心思總是沉湎在過去或希冀於未來，游移不定，就會無法專注於當下，所以，忠於自己的感受，活在當下是很重要的。

當然，這並不是要強迫你要立刻就能做到。要是你將自己與能活在當下的人互相比較，反而會產生「我根本做不到」的無奈與絕望感。

在這裡舉上述例子的用意，是為了讓你能跳脫出不論做什麼事都感到厭煩的心情。

要是你能發現「原來，只要試著讓自己活在當下就好」這件事，那也算是人生中的重大收穫。

接受處於低潮的自己

對於一直感到絕望的你來說，什麼是當下、此時此刻能做的事呢？那就是接納現在的自己。

勇敢不是始終保持堅強，而是張開雙臂，迎向自己的脆弱。

現在的你可能充滿無力感，甚至想躲起來，不見任何人。試問你會否定「心情

低落到不想見人」的自己，還是承認自己正身處那種狀態呢？

請你試著專注於「自己正心情低落到不想見人」這件事上，因為這就是你「現在當下能夠做的事」。

請你充分體會自己的感受，並自我安慰：「原來我現在只想躲起來而不願見任何人。沒錯！莫名地情緒低落，讓我一直不斷自責，所以會感到絕望也是在所難免。總之，在恢復精神前，我就先好好休息一下吧！因為這麼做就是愛自己！」

對你而言，這才是「現在能做的事」。

第四章

〔擁抱在生活裡的脆弱〕

改變內心的負面設定

你和自己的關係好嗎?

有時候,停下來休息也無所謂

要是你老覺得生命中所有的一切都讓你心力交瘁、疲憊不堪,那麼打從一早起床開始,你就會無法擺脫令你感到心煩的一連串惡夢。不但起床很心煩,洗臉很心煩,連換衣服也會令你很心煩。

你會喃喃自語:「唉!真不想起床。」卻又想著:「但我非得上班不可,千萬不能賴床。」或是:「我一定得幫家人做早餐,只好硬逼自己起來了。」

你是否會像這樣,馬上否認內心的真實情緒,並強迫自己去做根本不願意做的

事情？

這種「煩死了！但我還是非做不可」的想法，反而會進一步刺激你更不想做事的心情。

到了假日早上，只想好好休息，不做任何事的你又會怎麼想呢？你能用「今天總算放假啦！這下我要盡情睡個夠」的心情，輕鬆愉快地窩在被窩裡嗎？

你能對自己放鬆的狀態由衷感到「心情真是舒服啊」；還是會在休息的同時，卻覺得自己像正在做什麼壞事一樣，並且自責：「雖然放假了，我也還是有很多事情非做不可，這樣一直悠哉地窩在床上行嗎？」然後又哀怨地想：「唉！明天還要上班呢⋯⋯」就這樣，未來一周預定的待辦事項從腦海中閃過。

這時，躺在床上的你，是否又感到鬱悶了呢？

當你無法體會生命的喜悅

心煩的感受對你來說可能是家常便飯，也許這種感覺對你來說已經是理所當然的，根本無須對此存疑。又或者你會認為：「我從沒想過自己快不快樂，甚至也不記得自己是否曾經快樂過。」

但要是你保持自覺，仔細體會這種感受，你會發現自己正身處「無法感受生命的喜悅與滿足」之中。

這是因為，在此之前的人生，你曾受到很多傷害。

例如，以前當你說出自己的感受後，馬上就會被斥責：「你在說什麼蠢話呀！」對你加以忽視、否定；或是每當你想做什麼事，就會被禁止、否決，命令你「不要那樣做」，讓你因此畏縮、受傷。

在你的生活中，每天被否定、拒絕這類的事情層出不窮。無能為力的你經常受

到這種傷害，是不是當然就會開始學會自我保護呢？

是的。**為了保護自己，結果你只好忽略「自己受到傷害」的事實，讓感覺變遲鈍**，這才是你對任何事都提不起勁來的真相。

02

用麻痺情緒保護自己

因為害怕受傷，成為情緒絕緣體

當感受負面情緒的敏銳度變遲鈍後，確實可以讓自己不受到傷害。因為，如果遭受打擊也不覺得心痛，你就能忍受那些傷害，讓自己度過各種難關與逆境。

「不去感受情緒」這件事，在某些時期的確對你有益。所以，你先不要否認自己「已經感覺麻木」的習慣。

首先，最重要的就是察覺並自問：「以前為了保護自己，所以才盡力不去感受情緒。但是這麼做，真能自我保護嗎？」

「自覺」對於我們的人生，一直都是一件重要的課題。

請你在此一前提下想想「受到傷害後因而感覺遲鈍」這件事，背後代表著什麼意義？

假設你在工作場合中，遇到了下列的狀況：

狀況A：同事說：「你先幫我做」，然後硬是將雜事丟給你，而你卻無法拒絕。

狀況B：主管在許多同事面前挖苦你說：「你連這麼簡單的事都不會嗎？」

狀況C：你之前曾拜託同事做事，事後同事卻否認：「我不記得你有說過！」

狀況D：你向同事打招呼，但對方卻視而不見。

你可能曾在類似以上不同的狀況中受到傷害，但感覺遲鈍的你，卻根本沒發現自己受到了傷害，就像什麼事也沒發生一樣，不細究這些狀況。

你的確受了傷，但卻無法意識到這個事實，任憑這些狀況一再發生。情況演變到最後，就會像你現在這樣，開始對生活種種都感到很煩悶、很無奈。

你發現「心」生病了嗎？

即使受了傷卻仍無感，其中還存在著關鍵性的癥結。那就是你為了不讓自己察覺到內心的情緒，所以才會不明白「自己為何受到傷害」。

要是無法察覺自己的情緒，你會連發生在自己身上的狀況都摸不著頭緒。「到底是因為和誰、因為何種情況、因為什麼事情受到了傷害呢？」由於你一直無法認清這些事情所產生的具體原因，所以才會對自己的後知後覺，甚至是不知不覺感到束手無策。

再加上日後各種大大小小挫折的持續累積，也會讓你長期處於壓力與忍氣吞聲中。但由於平常你對自己的情緒與感覺麻木，所以一旦壓抑已久的情緒如洪流般驟

然爆發，你會對自己所產生的反應驚訝不已：「我到底是怎麼了！為什麼會突然失控？」

像你這種情緒遲鈍的人都感到驚慌失措了，所以事情的嚴重性自然是不在話下。

當你身體不適時，你會感覺某些部位有點痛、不舒服，但你可能尚未發現自己已經生病。直到疼痛越來越嚴重時，才知道自己已經病入膏肓到必須動手術的階段了。

而心理狀態並不像身體的疼痛那樣容易被察覺，所以情況會更糟。由於你一直忽視自己的情緒，所以你根本不懂宣洩情緒的方法。而且在不知道解決與應對方法的狀況下，你就會更害怕察覺自己的感受，進而麻痺自己的情緒。

然而，情緒不會自動走開，除非我們正視它的存在。如果忽略察覺的情緒，會讓感覺麻木所引發的惡性循環，將你逼進事事都看不順眼的狀態中。而這一切才是

你感到筋疲力竭、覺得人生無望的真相。

03 不哭，是因爲不知道痛

雖然你一直用麻痺情緒的方式來保護自己，但也不用因此否定這種做法。

因為對於過去的你來說，由於不知道該採用何種應對方法，所以只好用自我麻痺的方式來解決問題。只是，在保護自己的同時，也使你處於活得既無奈又痛苦的狀態中。

這樣說起來或許很矛盾。

因為，既然「無感」能讓自己遠離創傷，但為何處於這種狀態下，你還是會感

到很痛苦呢？是不是在這種狀態下，有某種讓你始終無法放棄的事物呢？

也許你還沒察覺到那是什麼，但其實「潛意識中的你」，是希望能透過放棄某樣東西來保護自己，這種東西就是情緒。尤其是正面的情緒，是你失去最多的一種感受。

也就是說，**因為你害怕失敗、害怕拒絕、害怕不完美，所以你麻痺自己的情緒，小心翼翼地不讓自己受傷。這樣做雖然能讓你避開負面情緒，但同時也會麻痺你的正面情緒。**因此，你會抗拒付出真實情感，覺得對任何事都不積極主動，或是想拋開一切什麼都不管，就是因為你缺乏「開心、快樂、幸福、滿足」等各種正面情緒的能量。

而且，你犧牲的不只有情緒，連感官上的快樂也會被你忽略。

要是喪失情緒和感官上的愉悅，我們就無法體會「生存的喜悅和活著的幸福」，生命只剩絕望和痛苦。

一直以來，你都是靠著麻痺情緒來保護自己，所以，你對於察覺自己真正的情緒才會心懷恐懼。

儘管如此，你還是得努力重拾該有的七情六欲，才能讓自己從行屍走肉般的生活中解脫。

拿回情緒主導權，從練習呼吸開始

重拾情緒的第一步，就從接納自己的真實情緒開始。

不過，突然要學習誠實面對所有喜怒哀樂的情緒，對很多人來說也許是很困難的任務。

現在，請你先試著透過日常生活中最常做的呼吸動作，來嘗試這份「接納」的感受吧。專注於呼吸時，注意力可從負面情緒中移開，有助於與情緒脫鉤。

以呼吸來說，「接納」就是讓吸入的空氣充分運行全身後，再緩慢地吐出來。

在呼吸時，若是不吐氣就無法進行吸氣的動作。當身體吐盡空氣後，就能再次吸入相同的分量。

檢視一下自己的呼吸狀況。如果你習慣輕淺地吸氣，是不是會發現自己重複著如同嘆氣般的呼吸動作？現在，先不要太在意呼吸的動作，試著以自然的節奏與步調來呼吸。

請你在坐著的狀態下輕輕吸氣，並且放下肩膀，再用嘆氣的方式吐氣。

接著重複相同的步驟：輕輕吸氣、放下肩膀、嘆氣。

在你試過重複幾次這種呼吸動作後，感覺如何呢？你心中的無力感是不是開始節節上升，也開始垂頭喪氣、彎腰駝背起來了呢？

接下來，請你再試著用正確的方式進行呼吸吧！

在呼吸時，請按照以下步驟進行。

一、讓全身肌肉緊繃後，再一口氣放鬆全身的力量。

二、保持放鬆狀態，只讓劍突部位（胸骨下端）的肌肉用力緊繃，然後再瞬間放鬆下來。

三、將身體挺起，用鼻子以緩慢的節奏深深吸氣，然後再慢慢地用嘴巴吐氣。進行此步驟時，盡量讓吸氣量和呼氣量保持差不多的狀態。

四、照著以上步驟進行五至六次，再回復正常的呼吸方式。

在進行過以上的呼吸練習後，你有什麼感覺呢？身心是否稍微變得比較輕鬆了？

或許你只有些微的改善，但是不是至少覺得比較有精神了呢？

你**目前的這種狀態，就是近似於「接納自己」的感覺**。

專注於呼吸，是我們隨時隨地都可以進行練習的活動。每天花一點時間把注意

力放在呼吸上，慢慢地，你就會發現自己培養出專注的力量，也更容易覺察自身的情緒。

04

擁抱脆弱，你會更堅強

接納自己的情緒，也是在「包容」自己的情緒。

一直以來，你都在告誡自己：「我不可以情緒化、我不可以哭。我一定要忍耐，要變得百折不撓。我不可以因為一點小事就允許自己示弱。我要變得更強大，成為更勇敢的人。」

因此，你一直否定自己的情緒，一直否定脆弱的自己。事實上，你還不肯正視「脆弱」這個詞。

只是，你仍想要說出軟弱的話語。這有可能是因為你已經筋疲力竭，不想再佯裝堅強；或是在各種關鍵場合下，你用了不正確的方法保護自己，結果反而不斷地自我傷害。**也可能是因為在不需要繃緊神經的狀況下，你卻和他人或自己進行沒有意義的對抗。**

一直不願意承認身心俱疲的人，其實就是「你自己」。

別急著趕走情緒

就意義層面來說，「自我接納」和「自我療癒」是相同的。即使只是試著自我接納，也能治癒你心中沉重的疲憊感。

不過，現在的你要是貿然恢復對於感受情緒的敏銳度，也許之前曾經歷過的心理創傷會突然一擁而上，甚至讓你畏懼面對自己的情緒。

所以，學習如何接納自己的情緒是很重要的課程，我們必須用「漸進」的方式

進行練習。

如果你質疑：「所謂的接納，到底是什麼呢？要怎麼做才能接納自己的情緒呢？」

別忘了，在前文中你透過呼吸練習過接納的課程，所以已經先打好基礎了。

現在，回想當時練習呼吸的情況，並感受你內心深處所產生的情緒。在過程中，即使是負面的情緒，也要全心全意地用身體去感受。這就是不否認自己情緒的狀態，也是一種「勇敢的脆弱」。

思想會讓情緒擴張，所以在你心煩意亂或失落悲傷的當下，你要自我提醒「那只是情緒」，覺知它們的出現，並在一旁靜靜觀察就好。

如此一來，你就可以正視自己的情緒。**唯有全面接納自己的情緒，即使是負面情緒，也不要急著趕走它，和它和平共處，你才能感到輕鬆。**

正因為你能坦承自己的情緒，堆積在內心深處的負面情緒才會消除。更進一步

只要不否認任何情緒，你就能感到輕鬆。

說，如果可以消除負面情緒，那麼你的心情一定也會變得坦然自在。

只要內心安適寧靜，那麼身體自然能放鬆，呼吸也會變得緩和又平穩。

● 把負面情緒說出來

一直以來，在你心情低落到什麼都不想做時，腦中可能會出現這樣的雜念：

「我明明知道不能再這樣下去，可是我卻⋯⋯」「我很想再撐一下，但就是辦不到。」

當你陷入上述這類的狀態時，一定會很焦慮不安。

但是，請你先不要去思考「現在該怎麼辦」，而是試著察覺自己焦慮不安的情緒，然後對自己說：「喔⋯⋯原來我現在覺得很不安啊，這也沒辦法啊，因為我本來就不知道該如何處理，所以我會覺得不安是理所當然的啊！因此這也沒什麼大不了的。」

像這種利用言語的陳述方式，說出心中的感受，能讓你接納自己不安的情緒，心情也會變得更平靜。

05

自覺，從啟動情緒雷達開始

依靠不是依賴

當你陷入無能為力的狀態時，會想尋求他人的安慰，並試圖依賴對方，這是因為你無法面對與接納自己的情緒所致。

會造成這種情況是可以理解的。就像人在溺水時，會想盡辦法脫困，只要一遇到任何可以攀附的物品，當然會緊抓著不放。

然而，這又會造成什麼樣的結果呢？不管你如何拜託他人，但因為你執著於自己的感覺與情緒中，你依然會無法感受到他人的回應或善意，甚至還可能覺得依然

孤立無援。

當你殷切地向他人求助時，你會看不清自己的模樣，因為你只會專注於拚命地抓緊對方不放。

即使對方說：「你已經安全了，這裡的水很淺，你能靠自己的雙腳站立。」但你還是不相信，即使已身處在雙腳能站穩的地方，你還是會不自覺地牢牢抓住對方。

滿足自己的需求

人要學會和自己相處，而不是過度依賴別人，自己一個人也要可以過得很好。

當然，這並不代表你不能向他人求助。就如同德國詩人——蒂德格（Christoph August Tiedge）在《烏拉尼亞》（Urania）中所說：「與人分享快樂，你的快樂就會加倍；與人分擔痛苦，你的痛苦就會減半。」

最理想的情況，是不論快樂或是痛苦，你都能和對方分享。不過，那是在能充分感受及掌控情緒敏銳度後才能做到的事。

在達到此種境地之前，與其期待對方能滿足自己的需求，倒不如先以自身的情緒為前提做考量，慢慢進行「愛自己」的心理練習，進而體認到，愛或滿足的感覺，不是由他人所施予，而是一種「能自覺的情緒」。

06

幸福沒有速成班

慢慢來，一切都還來得及

雖說本書要你練習恢復情緒的靈敏力，但對於過分壓抑情緒、長期忽視自己情感的人來說，這種事還是很不容易做到的。

而且，越是想要擺脫這種情況的人，就會越急著想「立即」擺脫它。

然而，就像溺水時越是掙扎就越無法脫困一樣，我們越想「立即」脫離這種狀況，就會越來越身陷苦惱中。

其實你最該理解的問題癥結點在於：**「現在就想立刻脫離苦海是不可能的，因**

為這必須花上一些時間。」當然這也不是要你放棄努力，而是要你先做好「這得花上好一段時間才能克服」的心理準備。

假如你眼前有一個罹患重病或身負重傷的人，你會催促他及早痊癒嗎？想必你一定不會那麼做吧？你應該會告訴他：「請放寬心好好調養身體，要是你太急躁的話，反而會恢復得很慢。」

或許，這也是你需要對自己說的話。

用四天就能換取一生的幸福？

你確實急欲改變自己的處境，但你會變成現在這樣，就是因為你以前是個過分壓抑、忽視情緒的人。一言以蔽之，就是因為你「不夠關愛自己」。

當然，這並不是你的錯。正因為你不知道「如何愛自己」，所以你更要好好花時間瞭解這件事。

有一部克林伊斯特所執導的電影叫《麥迪遜之橋》。這部電影的故事背景是在愛荷華州的鄉村地區，描述有個平凡的中年家庭主婦和一位中年攝影師邂逅的愛情故事。

即使他們僅共度短暫的四天，卻還是深愛著彼此，並且在分別後，憑藉那份愛意繼續各自度過往後的生活。這部電影也深受中年觀眾的喜愛，是一部很賣座的電影。

當然，我在這裡並不是要否定「只花四天的時間相戀，就能成為一輩子的伴侶」是很不合理的。

我想表達的是：如果能把四天裡所發生的一切，就當做自己一輩子的心靈支柱，那是不可能的。

如果僅僅花上四天，我們就能做得到愛自己，那就像是要我們相信：「只要找到那個愛自己的方法，這輩子就可以再也沒有任何遺憾了，所以『愛自己』這件事實

在是太簡單了。」

畢竟你曾經歷好幾年的時間，人生才逐漸陷入現在這種混亂又無奈的狀況裡，要是在短短四天內，你就能找到愛自己的方法，這樣真的可以治癒累積在你心中的疲憊感嗎？你會就此感到滿足，並覺得從此可以過著幸福快樂的日子嗎？

你「不想做的事」是什麼？

想盡快擺脫眼前的艱難處境是人之常情，但在你期望人生能像魔法般瞬間變輕鬆的同時，也會感到心急如焚。

在這種狀態下，你會不顧一切地期待：只要能讓自己感受到愛，哪怕只有一天也好。之後不論人生會變成什麼樣子，都會覺得心滿意足了。

這時，請你靜下心來捫心自問：「我真的認為，只要得到一天的關愛，就能快樂而滿足地過完這一輩子嗎？」

用這種傾聽自己內在聲音的方式，察覺出「自己真正想做或不想做的事」，練習重新擁有對情緒的自主權與掌控，並讓感受成為你的動力和指標。這是真正關愛自己的第一步。

一個難以感受情緒的人，就連自己現在「想做」什麼事都不知道。但即使是這樣，至少也應該會感覺到自己「討厭做什麼、做什麼會覺得痛苦」。

因此，本書除了希望你可以先試著從挑戰「自己能辦到的事」開始之外，也能察覺「自己不想做的事」。

07

做自己，是一件很自由的事

立即實現小願望

當你覺得自己做什麼都提不起勁來的時候，請先從實現自己的「小願望」開始重拾生活的樂趣吧。

例如，朋友傳訊息給你，雖然你認為自己必須回覆，但是卻會對這樣「非做不可」的舉動感到厭煩。

請你重視自己「覺得厭煩」的感受，並用「我現在覺得處理這個簡訊很麻煩，所以我就先不回了。」的行動來實現這份願望，然後再打從心底認同自己的做法。

這就是「實現自己的小願望」。透過這種方法，你會漸漸培養出開始想做其他事情的動力。

總之，本書希望你能從「想做再去做」的心態開始練習，按照你的意願做「你覺得正確」的事，而不是去做「你猜想別人會喜歡」的事，藉由這樣的方式，進而實現自己的願望。

感受到「做自己」的滿足與快樂。

過一個沒有「應該」的自在生活

有句諺語說：「石上坐三年」，意指即使是冰冷的石頭，只要你能持續坐上三年，就連石頭也會變溫暖。這是比喻人如果可以保持堅忍不拔的心態，就絕對能實現自己的願望。

但自我中心主義並不建議大家像這樣忍耐，反倒是鼓勵大家「不要忍耐」。

正如前面所舉的例子，你要試著告訴自己：「我很慶幸學會照顧自己『心煩意

亂』的心情」、「我很慶幸自己能在不想回簡訊時，『愉快地』決定不回簡訊。」

像這樣，無論在任何情況下，都能憑著自身的感受與意願做出決定，這種想法就是愛自己。

「我很慶幸現在會重視自己的感受」、「我很慶幸現在能為了自己而果斷地做出決定」、「我很慶幸現在能承認並接納自己的感受」，如果你能像上述這樣，逐漸專注在「重視自己的內心感受」這件事上，不出三年，你一定能從身陷糾結迷惘的泥沼中跳脫出來。

把焦點放在自己身上

如果採行「以自我為中心」的行事原則，你會覺得所有事情都很簡單易行。

就像托爾斯泰所說的：「幸福的家庭都是相似的，不幸的家庭卻各有各的不幸。」如果你以自我為優先思考，會發現所謂的幸福其實垂手可得。

相反地，對於只是追逐字面上的意義的人來說，「幸福」這個詞彙就像疾駛而過的列車一樣，只會「咻」地一聲從腦海裡消逝。因為這樣的人只能藉由閱讀和思考的方式進行理解。要是你只想用頭腦得出答案，你就會持續進行複雜的思考，進而讓自己陷入越想越煩的混亂當中。

在你在意別人的想法之前，要先感受自己的心情。像前列舉回覆簡訊的例子，如果你能順應「因為我不想回簡訊，所以我決定要已讀不回。」的想法，尊重自己的意願，經過一段時間的沉澱後，你自然就不會累積長期勉強自己的壓力，進而能產生「想要」回簡訊的動力。

但如果你「以他人為中心」，想著：「要是我不立即回簡訊，就會對不起對方。」或「對方會怎麼想呢？」你就會陷入不停苦思的困境中，甚至會越來越在意他人的想法而活得更辛苦。

自我中心主義其實就是這樣一種很簡單的觀念。「以他人為中心」而被別人的

行為所限制，進而將自己囚禁在思考迷宮的人，從來都不會知道原來重視自己、實現自己的小願望，是可以讓處理事物的過程變得更加順遂的。

第五章

〔給想活得輕鬆快樂的你〕

放下情緒包袱

想太多？先在腦內進行斷、捨、離

有些人多年來一直活在「以他人為中心」的思維當中，從不關照內心的情緒，即使有時覺得應該多把心思放在自己身上，卻發現「連自己到底在想什麼都不知道」，或是「雖然我不知道自己在想什麼，但我『一定要努力搞懂』自己的感受。」尤其是對那些常產生莫名罪惡感的人來說，這種充滿矛盾或自我強迫的心態更是明顯。

他們可能還會自責：「什麼都不知道的我真是沒用。唉！這樣真的很令人厭

煩！」流於空想又自怨自艾，事情毫無進展，一切不斷地回到原點。

要是像這樣不知不覺地落入「思考」的圈套中，只會因為這種惡性循環而變得思緒越來越混亂。

找出惡性循環的盲點

也許有人會這樣說：「我也想做啊！但就是提不起勁」、「我想和大家好好相處，可是我的社交能力真的很差」、「我想勇敢面對挑戰，可是我缺乏鬥志和自信」、「我也想積極開朗地過生活，可是我不知該怎麼做」、「我想成為冷靜理智的人，可是卻老是情緒失控」、「我想遊走世界各地做一番大事業，可是我沒有勇氣」。

會這樣說的人，也都是因為還沒察覺自己真正的情緒。

假如你一直深陷在「我想……可是卻做不到」這種鬼打牆式的思考模式裡，就

會忍不住更往下探究：「為什麼我做不到呢？即使我想提起幹勁，（可是）我就是辦不到。我想集中精神工作，但等回過神時才發現之前都在發呆。即使向同事請教工作方法，我還是聽不懂。為什麼我會這樣呢？是不是這份工作不適合我呢？是否該轉調到其他部門呢？還是乾脆辭職比較好呢？可是我又擔心……」

你的思考會在這個「可是來可是去」的迷宮裡繞圈圈，不但看不到解決困擾的出口，甚至連要走回頭路也都會迷路。

像這樣沒完沒了地想個不停，要是不覺得「光是想，我都覺得厭煩」，才真是奇蹟！

當你迷失在思考的叢林裡，藉由「我到底該怎麼做才好」的想法來尋求解決之道時，最直接的處理方法，就是把「花時間思考這種事只是徒勞無功」的觀念牢記在心。

當你發現自己已經不停兜圈子似地在想事情時，就要告訴自己：「哎呀！就算

你真的想做內心嚮往的那些事嗎？

在國外工作時

流利地說著外語

登上聖母峰山頂

成為名人後

那些也許都只是憑空想像出來的理想目標。

像這樣想個不停也是白費心力，而且也解決不了問題。乾脆停止這種無謂的思考吧！」這麼一來，你就能為被思考所綁架的狀態畫下句點。

像這樣，用一段小口訣提醒自己，例如：「多想無益，就別再想了」，以這些句子來取代一直盤旋腦中的事，讓大腦能暫時中斷思考。

即使只是停止毫無建設性的胡思亂想，你的心情也會猶如放下大石般地變輕鬆。

02

別和情緒過不去

潛藏在無謂思考下的恐懼

無謂的思考會使你感到疲憊，相信你也覺得這樣自己會深受其害。

所以，我要再次強調，你必須對自己說：「多想無益」。

只是，這時你是否馬上在腦海中開始想著：「那接下來我又該怎麼做呢？」會這樣想，是因為在你內心深處已經先構築出「無謂的思考模式」了。

沒錯，「那接下來我該怎麼做？」的想法也是一種「無謂的思考」。

然而，為何你會對此無法控制？如果你對自己敞開情緒的大門，就能在內心深

處發現潛藏著「害怕採取實際行動」、「想做卻做不到」的自己。

學會面對害怕

若是你始終自覺到內心的這種恐懼，那就必須對自己承認：「原來我覺得害怕啊？沒錯，我真的是這樣！所以我無法採取行動也是在所難免。」盡早接納自己正處於如此的狀態。

就算你一再激勵自己：「我要好好加油！我要努力向上！」但若你無法勇敢踏出第一步，就代表你根本不想去做。只要你能承認恐懼，並接納這樣的自己，你就會感到如釋重負。

能透過這種方式卸下心中的重擔，是因為你已經接納自己「害怕實際採取行動」的情緒，也表示你已經愛上「現在的自己」了。

發自內心的快樂

請你試著想想下面這段話：「我願意誠實面對自己的感受，並且利用一些生活小練習，逐漸接納現在的自己，到達『真實情緒』的入口。」

看到這裡，也許你會哀嘆：「什麼！這樣只是起點而已？那不就表示前面的路途還很漫長！唉……」

其實，事實並非如此。這個入口同時也代表著希望的出口。

因為，當你不喜歡自己的感覺、想法和行為，但卻選擇全然地理解、接納和包容，這對你就是難以取代的進步。

瞭解內心真正的感覺，就是能感受到幸福的重要因子，只要擺脫「對任何事都感到厭煩」的狀態，你就能獲得正面的情緒感受，而這種過程也是獲得正面情緒的捷徑。

像這樣，對於「前路漫漫」的抱怨，最終絕對會漸漸轉化為「我現在好快樂」、「我現在好滿足」、「我現在覺得這樣很有趣」的愉悅和喜樂。

03

與自己和解

讓意識與潛意識同步

藉由逃避內心情緒來保護自己的人，常常會問我：「如果我不正視情緒的話，是不是就無法擺脫這種狀態？」

越想放棄一切的人，就越不想面對自己的情緒，這是很自然的事。

因為在抗拒面對情緒者的潛意識裡，他們會害怕如果釋放情緒，可能會發生很嚴重的事。即使他們感受情緒的敏銳度已經退化，變得很遲鈍了，但仍會害怕以前因為太情緒化而受傷的舊事重演，因此才一直自我麻痺情緒。

處於這種狀態下的你，最好不要勉強自己去感受情緒。

一旦受限於「想做卻做不到」的想法，你就會察覺不到自己在當下的真實感受，這是因為「思考」事物和「感受」情緒，這兩者是無法同時進行的。

也就是說，要是被思考限制，你就無法感受到情緒或感官所要傳達的正確訊息。相反地，要是專注於情緒或感官上，你同樣也會無法思考。

不管你是否同意這個論點，都請你先來做做下面的試驗吧！

讓大腦放空的五感練習法

假設，你在處於「無法改變現狀」的自我放棄狀態下去洗澡，即使洗完澡也仍會感到心神不寧，甚至還可能忘了自己要怎麼呼吸。就算是泡澡，也無法感受到熱水的溫暖。而在泡完澡後，可能連在浴缸裡做過什麼都記不得了。

但是，如果你能專注於泡澡時的感覺與心情，情況又會變得如何呢？你會將注

意力放在身體上，並且好好地泡澡。

在洗澡時，請你做以下的練習。

讓身體靠著浴缸，放掉全身的力量，然後試著感受這種放鬆後的狀態。此時你有什麼感覺呢？你的心情如何？

接著，就在這個狀態下，再試著專注於自己的呼吸，用鼻子深深地吸氣，再「呼」的一聲從嘴巴吐出氣來。

試著重複這些動作數次，每次吐氣時就放掉全身的力量，以這樣的動作讓身體充分放鬆。

這時你會發現，身體正舒服地輕輕晃動，自己也停止了胡思亂想。

也許你從來沒有自覺過頭腦放空的感受，但在這種停止思考的狀態時，你會實際體會到大腦得到休息時所產生的平靜。這就是前文所說的，「思考」事物和「感受」情緒是無法同時進行的意涵。

你不用擔心自己不擅長用這種方式安撫內心的情緒，因為「運用感官體會事物」是一種很適合獨自進行的練習。由於這只要用身體去感受，所以勤加練習就很容易上手。

此外，如果你能將注意力集中在感官與情緒上，你就會明白味覺、嗅覺、觸覺、聽覺、視覺都有其獨特的愉快感受。

當你將注意力放在五感上之後，同時也會開始得知如何關照自己，因此這也能培養出「以自我為中心」的心態，此法可說是一舉兩得。

如果你能從打開五感體會事物開始，進行練習重視自己的感受，那麼你一定會逐漸接納自己的真實情緒。

04

體貼自己的練習

把腳步放慢

做任何事都切忌急躁。換言之，也就是我們要學習如何把心靜下來，把腳步慢下來。

只有在怡然的情況下，才能讓我們有充分的時間玩味、體會五感和情緒。

當你處於平心靜氣的狀態時，焦慮不安也會隨之煙消雲散。

如果你覺得自己是屬於「凡事都太在乎了，還是別太認真比較好。」這種類型的人，可以想辦法告訴自己：「沒錯，我想放輕鬆點，所以我現在要著手進行放鬆

的練習。

「不過話說回來，有人可能會在腦中一團亂時，還強迫自己「千萬別想著非做不可」，甚至還會用意志力加以制止，告訴自己：「是的，我不可以努力！（為了不努力）我會加油的！」

會產生這樣的現象，是因為這些人的頭腦裡早已構築好「立即自動思考的模式」。**但很遺憾地，我們無法在一朝一夕就徹底改變這種思考模式。**

你不需要總是堅強

要是你專注於感官的愉快感受上，就能減少動腦思考的時間，讓因為運轉不停而疲累不已的頭腦得以休息。

更重要的是，由於你專注於情緒和感覺上，過去牢不可破的思考模式就會開始動搖，讓你逐漸察覺並接納內心的情緒，遠離緊張，讓身心都感到輕鬆無比。

為何會發生這種現象呢？這是因為你在壓抑情緒的同時，還會用「這都是我的錯！我不能怪別人。」的觀念來否定自己的情緒，基本上這就是一種糟蹋自己的行為。

另外，有人害怕自己一旦誠實面對情緒後就會崩潰；也有不少人恐懼內心所深藏的憤怒情緒，會因一次全然爆發而導致失控。這些想法都代表著你還無法正視情緒，對自己也還不夠體貼。

沒有人能否定、責怪對任何事都感到厭煩的你。包括你自己。

你可以告訴自己：「原來我真的受傷了，難怪我會覺得活得這樣辛苦，因為我一直忍受了很多事。」

或是對自己說些有益於接納情緒的話：「原來我一直都覺得很焦慮，這也沒辦法啊。之前我就算再苦惱，也不會對自己承認，更何況我還會不斷地自我鞭策，所以會變得很焦慮也是在所難免的事。」

有時候輸給脆弱，卻可以贏回你的人生。只要你願意利用上述這類的話語承認自己的感受，就能平復不安的內心，這就是「體貼自己」的做法。

05

獲得真正的自由

認同自己

為什麼只要接納自己的感受，身心就會變輕鬆呢？這是因為你開始「愛上」自己的情緒。

不論喜、怒、哀、樂何種感受，你都能不逃避也不沉溺，承認那就是自己的情緒能量，然後勇敢地對自己說：「沒問題的！」

也許以前你不但厭惡自己的情緒，還厭惡當下的自己，這都代表你不懂得如何愛自己。

如果你懂得愛自己，就會感到內心喜悅；如果你懂得愛自己，就會更有自信。

雖說如此，我也要勸大家，對於「愛自己」這件事不要太躁進，因為「愛自己」的限度很難拿捏，一旦過量，就很容易陷入把自己愛到「滿溢而出」的境地，進而對任何事都再也難以知足。

只有將「愛自己」的技巧運用自如，你才能學到箇中真諦。

利用「認同自己」或「想認同自己」的心態，去體會並接納自己的情緒或感官所帶來的愉快感受，就是愛自己的基本功。而且，認同自己，也可以為「讓別人贊同你」預先鋪路。

你看到別人的缺點，其實都是內心負面情緒的執著

一直忽略或壓抑自己情緒的人，也常會在不知不覺中強迫或希望對方能跟你做一樣的事。

舉例來說，在公司要是有人偷懶的話，你就會生起氣來，覺得「為什麼每次只有我認真工作」，或是「為什麼那傢伙老是這樣……」要是對方在公司裡還頗受大家的好評，說不定你會更會憤憤不平地想：「那傢伙明明一直在耍奸詐的小手段，我實在無法接受大家會那麼喜歡他！」

不論你覺得這件事多麼難以容忍，都無法提高你的工作效率，反而會因為太在意，而讓你的心情被對方的一舉一動所牽制，從而讓你感到更痛苦！

但為何你會覺得這樣的事情難以容忍呢？這是因為你一直壓抑著內心深處的渴求的緣故。

如果你打從心底承認自己有「其實我也想偷懶，而且想不想偷懶都是我個人的自由。」這樣的渴求，是不是會覺得豁然開朗呢？或許你還能因此感受到前所未有的暢快。

你有「只要是不想做的事就不去做」的自由，也有「只要是想做的事我才做」

的自由。越是無法認同這種想法的人，就越要練習以個人的情緒作為決定行動的準則。

當你能滿足自己的渴求，認同自己的自由時，你也能認同對方的自由。

06

不要將責任一肩挑

嚴以律己的人，也會嚴以待人

也許你還沒自覺到自己已經對一切都毫無興致，提不起勁了。以往你都是以「我要更努力，一定要取得好成績」、「加油！我一定要好好念書」、「我一定要拚命工作」這種「我非做不可」的想法過生活。

但因為你平時嚴以律己，所以也會以同樣嚴厲的方式對待別人，要求他人也要同樣嚴苛地對待自己。

而且，對自我要求越是嚴格，就越無法接受自己一無是處，同時也會不斷地挑

出自己有的缺點來檢視他人。

就像你眼前有個箱子，箱子裡放著白球和黑球。當你拿到白球時，就會增加自信；拿到黑球時，將會喪失自信。

對自我要求嚴格的你會無視白球的存在，不斷地挑選黑球。而且你不只會在自己的內心裡尋找黑球，在和他人相較時也會挑選黑球，像這樣不斷做著會喪失自信的事。

正因為如此，你必須先打從心底認同自己的自由，並且拋棄「非做不可」的想法。

用「壓抑自我」得來的關愛

一個以自我感受為中心的人，能以顧及自己的感受或情緒為前提。

相反地，越是以他人為中心的人，就越會以他人的心情與意志為優先考量，因

此常常會無意識地回應對方的期待，滿足對方的要求，還會在不知不覺中，因為太在乎他人的想法，而更加嚴格約束自己不能展現真實的想法。

假設你在孩童時期，父母要求你成績要名列前茅，你會自我要求一定要符合父母的期待，透過成為最優秀的學生，來獲取父母對我們的愛與關注。

這種「要成為最好」的想法，會要求你要改變自己，不允許你有不夠好的地方。於是，你就會變得壓抑、否認，甚至痛恨自己不夠好的一面。越是在乎他人的人，就越會失去這種內心的自由。

一味取悅別人，就是廉價地出賣自己。如果你擁有自己做決定的自由，那麼在你認為「我想要」或「我不想」讀書時，都會基於那樣的自主意志而做出選擇、採取行動，因為你會認為那是你個人的自由。

由於你認同擁有自由的自己，所以不論讀書與否，成績好或是壞，都不會讓那種毫無意義的罪惡感折磨自己。

你只要對自己的人生負責

「父母的期望」會跨越你內心的界線對你造成傷害。這樣的期待，充其量只是雙親自身的問題！你不需要符合他們的要求，也完全沒有必要回應他們的期待，更不需要因此而有罪惡感。

我會這樣說，是因為你「內心的自由」不斷被侵犯，一直肩負被迫承擔回應期望的責任，所以你才會覺得事事煩心。

說到這裡，你應該已經能察覺現在的自己，為何身陷這種狀況了吧？

跟回應他人的期待相比，
「你自己」真正想做的事更重要。

07

掙脫過去的枷鎖

從受傷中變堅強

你總是非常努力，也一直拚命想回應別人的期望，甚至到了用盡全力麻痺自己情緒的地步。但是你始終不肯對自己承認「我已經付出夠多了」。

卸下你沒必要承受的重擔吧！

你一直將過度的責任強加在自己身上，一直為了不必要的罪惡感折磨自己，以至於活得很累很辛苦。但這些本來就不是你的責任，你根本無須心懷愧疚。

請試著告訴自己：「原來我是被無謂的責任感壓得喘不過氣來，其實我根本無

須感到愧疚啊！」

當你坦承這樣的念頭時，長期的身心疲倦可能會突然鋪天蓋地向你襲來，說不定其中還摻雜了無法言喻的委屈無奈和如釋重負。

或許你也會開始反思過往，心想：「我的人生到底是為了什麼而努力？為了什麼而不斷地受到折磨呢？」說不定你會就此放聲大喊。

如果你因為激動而淚流不止的話，那就放聲大哭吧！讓眼淚自然療癒你的心靈。

在情緒宣洩完後，也許你會變得更消沉沮喪。若真如此，也請你接納這個狀態，告訴自己：「我有必要放任自己什麼都不做」。

當你希望能從這種「什麼都不想做」的狀態徹底改變時，這才是最重要的轉捩點。

面對真正的自己

也許上面的說法聽起來很強人所難，但要是你真心希望自己能置之死地而後生，那麼無論如何都必須硬著頭皮、鼓起勇氣經歷這個過程。

你不能逃避面對真正的自己。即使今後你仍打算繼續當個逃兵，但總有一天還是會不得不面對自己。難道你想在懊悔著過去的同時，仍維持現狀不思改進嗎？當然，不論你選擇怎麼做，那都是你的自由。

若是你選擇維持現狀，即使你在十年後重新審視自己時，才發現「不肯面對自己就代表不讓自己進步」，只要願意認清事實，這樣仍不算太遲。

為決定負責

對你來說，認清自己正處於何種狀態是很重要的課題。可能你現在過的，並不

是你真正想要的生活，又或者你可能還是想要偷懶，不去面對問題，因為這樣的生活比較輕鬆。

如果你在充分瞭解自身的感受後，即使是做出「維持現狀就好」的決定，並且認為：「因為我依然會感到害怕，所以我覺得還是維持現況比較好。這是根據我的自由意志所做出的選擇。」那也就代表你已經變得和「從前的自己」不一樣了。

這是蛻變的第一步，請你從這裡開始前進，改變未來。因為你在潛意識裡一直追求的願望，已經從過去無法付諸行動的枷鎖中解放，在你重視自己的情緒和想法的同時，也開始學會重視自己的意願，進而獲得為自己做決定的「自由」。

學習為自己做決定，也為自己的決定負責。

第六章

〔 告別所有的心煩意亂 〕

感謝是最強大的力量

01

優柔寡斷，再見啦！

走哪條路都ＯＫ的正向思考法

做決定時僅考量眼前的利益得失，會讓自己越來越優柔寡斷，腦中充滿「怎麼做才是最好的呢？」「哪種選擇對我比較好呢？」「選擇哪邊對我比較有利呢？」等等的想法。

舉個例子來說。面對「A和B哪個比較好呢？」的問題時，當你選擇A後，會覺得：「說不定是B比較好」；相反地，即使選擇了B，你一定也會想：「或許A才是正確的抉擇吧？」

像這樣，每回下決定，總是在心中百轉千迴，舉棋不定。

這是因為你僅憑利益得失的結果，來思考自己該如何做，卻完全沒有顧及自己的情緒。

如果你能以情緒當做行事的準則，那麼即使你選擇了A，也能因為想著「幸虧選了A」而接受自己的選擇。相反地，即使你選擇了B，也會覺得「幸好我選了B」，而感到知足。

順從心的方向

如果心中的秤錘一直擺盪不定，你在做抉擇時還會有「因為也許還有變數⋯⋯所以還是先這樣做吧⋯⋯」這種「偷吃步」的心態。

例如你可能會這樣想：「雖然我很猶豫是否要買這個東西，但如果賣光的話我會覺得很可惜，所以還是先預約吧，不需要的話再取消就好了。」「雖然不知道自

己是否會去，但我怕萬一臨時想去卻沒位置，所以還是先預約好了，到時不想去的話，再取消就可以了。」

這種選擇乍看之下也許對你很有利，但要是這種決定方式涉及到人際關係或工作的話，就會變成：「雖然我可能會和情人約會，但要是對方沒空，我整天就會很無聊，所以我還是先和死黨約時間碰面吧。」「也許有人會因為公事跟我聯絡，不過也有可能不會，總之，還是先和朋友約出去玩吧。」

要是你常常像這樣猶豫再三、躊躇不決，無法下定決心；或是原本說好的事，回頭想想卻出爾反爾，臨時反悔；又或者是抱持腳踏兩條船、兩邊都想要占便宜的心態，結果都會成為你人際、工作、生活上的一大阻礙。

人生的最佳選擇，就是「你滿意自己的選擇」。若能坦然順從自己內心的想法，即使結果不盡如人意，你也會因為是出於自我意志所做出的決定，而欣然接受或釋懷。

如果用患得患失的心態做抉擇⋯⋯

左右為難
嘆氣
也許另一件比較好⋯⋯

幸虧選了這件！
太可愛啦！

如果打從心底認為「我覺得很有趣」，
你就會對自己的決定感到心滿意足！

第六章〔告別所有的心煩意亂〕感謝是最強大的力量

你不但能按自己的想法行事，變得更有主見，更為專注，即使偶爾遇到挫敗和必須讓步時，也一定能立刻振作起來。

02

對自己也對別人誠實，就是真實的自己

當負面想法揮之不去

曾經有一位女性這麼告訴我：「當我和別人見面時，心中突然莫名湧現『我覺得好愧疚啊』的感覺，雖然我不知道自己為什麼會這麼想。可能是覺得對方竟然特意撥空跟我見面，讓我深感不好意思。這是我第一次發現自己內心深處潛藏著這種感覺。」

除了上述的例子外，也有人會有下面的想法。

「我的情人和我朋友說話的時候非常開心，但他卻不曾對我展露出那樣的笑

容。我覺得自己在那裡好像是多餘的。」

為何會有這種想法呢？那是因為他們沒注意到內心的情緒。

「咦？為什麼我會覺得自己不該待在那裡，或是對此感到愧疚？我這些反應是源自於情緒嗎？」

沒錯，那的確是由情緒所造成的反應，但更正確地說，那是由理智思考或想像所營造出來的情緒。若是你在乎他人的想法更甚於顧及自己的情緒，像是覺得⋯

「和別人相處時，我一定保持開朗快樂的樣子，只是我實在無法和他人自在地交談。」這樣，你就會覺得自己的存在是多餘的，破壞了愉快的氣氛，並且自責⋯

「我不能再這樣了！」

要是你不斷地擴大這種負面思考的話，還會理所當然地認為自己「不應該待在那裡」，對自己在場感到手足無措。

那麼，像這種時候該如何讓自己覺得好過一呢？當然是先考量自己當下的情緒。

例如，當朋友打電話來邀約時，就從這樣的情況開始，練習以自己的情緒當做決定的標準。

當你猶豫著是否要出門時，就老實地跟朋友說：「因為我現在心情不好，所以就算出去，也很難打起精神來。」

若是對方回答：「沒關係啊！」你會發現，誠實地說出心中的想法，婉拒別人，結果也沒你想像中嚴重，反而會讓你覺得如釋重負，心情也輕鬆起來，進而變得想出門和朋友碰面也說不定。

還有另一種情況。雖然你想和朋友見面，但如果你覺得：「朋友一定是可憐我，才會邀請我。」或是「他一定是勉強自己，才會邀請我。」像這樣與其讓負面思考一

直在腦中揮之不去，你更應該將心中的謝意傳達給對方，告訴他：「謝謝你邀請我！」

你要用如同對自己訴說的心情，對朋友誠心誠意地致謝。說「謝謝」可以讓自己快樂，也能使對方感到幸福。

和朋友在一起時，如果太在乎他人的感受，會讓你忍不住想：「和我在一起，他是不是感到很無聊？會不會因此而困擾呢？」

這時，請不要否定這種負面的念頭，先在心裡告訴自己：「原來我又開始很在乎他人的看法了。沒關係，這樣也無妨。」接著再告訴對方：「謝謝你和我一起度過美好時光，我由衷感謝你。」然後確實感受那些話帶給你的影響吧！

03

不做自己討厭的事

讓疲累的心情解脫

「我也不知道自己到底想不想做，或是到底該怎麼做？」「我有很多事要做，但我不知道要從哪裡著手？」

陷入這種狀態並且無法瞭解自己感受的人，究竟要如何開始行動呢？

首先，你要意識到自己正感到「心煩意亂」這件事，或是不由自主地抱怨「煩死了」的情緒。

也許你正一邊做著某件事，一邊提不起勁地嘆氣著。檢視一下自己是不是對什

麼事情覺得厭煩、對什麼事情唉聲嘆氣呢？很明顯地，那件事就是你不想碰觸的事。

做自己討厭的事，永遠都不可能成功，情緒是行事的指標，壓抑情緒會阻礙我們的活力。要是你承認「喔，原來我現在不想做這件事啊！」的心態，或許你仍會感到沮喪，但至少你可以體認到正視情緒所產生的前後差異。

當我們感受到某種負面情緒時，先去關注、感覺、體會它背後所傳達的意義與能量，然後告訴自己：「今天就先這樣了！」「先做到這裡，接下來的就暫時擱著吧！」像這樣傾聽自身的想望和需求，就一定能定下心來，不至於腦筋一團混亂，手足無措。

雨後的陽光會更耀眼

當你忠於自己的感受與情緒時，並不會發生令你意想不到的可怕後果，我建議各位透過上述面對自身情緒的方式，好好體驗現實生活中所發生的事。

或許有人會說：「但這樣不是等於放縱自己，不想做的事就不去做，到最後只會無所事事、一事無成嗎？」

但真的是這樣嗎？

要是你因為以自己的情緒為第一順位，而使得你長期都無法採取行動，停滯不前，那就表示你的內心已經很疲累了。

若是因此必須耗費好幾年，甚至數十年的時間，才能讓你的心恢復活力，那麼這些光陰對你來說，也是必須經歷的歲月。

你要相信：不管飛沙走塵有多嚴重，還是有機會能天降甘霖，終於守得雲開見

月明。總有一天，你會等到雨水降臨，陽光從雲縫間灑落，藍天再度重現。

正因為如此，我們熱切建議你重拾五感與情緒的靈敏度，因為這些都是你與生俱來的能力，能讓你體會到正面的感受。

像是有發出聲音的美好感受，有走路時的美好感受，有因為運動而汗流浹背的美好感受，也有自我認同的美好感受。

享受這些與生俱來的美好感受，就是「愛自己」。

當你陷入生活毫無動力、內心一直委靡不振的狀態時，就代表你不知道如何愛自己。

如果能愛自己，你就會產生巨大的改變。

04

有願望，就要實現

從實現小願望開始累積夢想的能量

當肚子餓時，你可能會想：「我為什麼會這麼餓呢？要怎麼做才能消除飢餓感呢？」但光是這麼想，當然不可能產生飽足感。

這時，就得靠吃東西才能消飢止餓，覺得不餓之後，再**將注意力集中在體會那份滿足感，對你而言才是最好的方式。**

例如，「好想喝水呀！」的念頭是一種渴求，喝水就是為了滿足欲望的行為，採取行動後就會產生「真好喝啊！」的滿足感。

像這樣，以想喝水的渴求為開端，試著讓自己滿足那份渴求，直到產生「水真好喝啊！」的感覺為止，就是一整套的行為模式。

我認為這種模式相當重要。越是覺得「一切都讓人心煩」，或是失去動力、覺得人生很空虛的人，越是欠缺這種行為模式。

當你有上廁所的需求時，就要利用如廁來滿足這個需求，然後才能感到「啊！爽快多了！」當你午餐過後產生睡意，就要靠小睡片刻來滿足需求，才能在睡醒後感覺「啊！精神好多了！」

從這些例子可以看出，從需求的產生，到體會「啊！真是痛快！」或是「啊！好舒服啊！」的感覺為止，都是一整套行為模式。

感受小確幸

所有的人幾乎只要一口渴，就會不自覺地找水喝，喝完後再不自覺地放下杯

子，就連自己的喉嚨得到滋潤也渾然不知，然後就這樣繼續埋首於之前在進行的事。

所以，一個越是不關心自己的人，就越會不自覺地（或機械式地）行動。

在每種行為、每個場合之中，都有各自不同的感覺模式在運作著。當我們忽視這些感覺時，不就是「不愛自己」的表現嗎？你是否正處於這種狀態下？

滿足的人生，就是由許多小確幸所組成。從「只要能滿足自己的感覺，就能讓美夢成真」的觀點來看，可以說任何人都能實現自己的願望。但也由於讓願望成真可謂易如反掌，所以我們會將之視為理所當然。

如果忽視內心的感受，就會因為毫不在乎自己的舉動，而讓每個能獲得小小滿足的簡單行為都變成麻煩事。

然而，也正因為要實現願望很容易，你才能輕易地產生許多正面的感受，獲得滿足。

換句話說，當你陷入一切都令人心煩意亂的狀態時，就代表你在潛意識裡對自己發出「我忽略了自己的感覺」的訊息。

05 感謝別人，也能療癒自己

成為別人樂意幫助的人

已經放棄一切的人，何不試著稍微改變自己看事情的觀點？

不論是面對多麼惡劣的狀況，也不要完全絕望，說不定這其實是因為你自己的看法有些狹隘，或是已經產生偏見所致。

例如，你因苦於應對職場上資深同事的百般挑剔，而不停地向A同事抱怨：

「那位前輩很激動地跟我說：『做錯的時候為什麼不先來報告呢？』他這樣做讓我的內心很受傷！」「但是如果我想要向他請教，他就會露出不耐煩的樣子，而且還

一副『你連這麼簡單的事都不懂！』的態度，真是讓人生氣。」

當你這樣絮絮叨叨說個不停時，A同事也一直很用心地聆聽著。

而且，不只是職場上人際關係的問題，舉凡跟工作或前途有關的困擾與疑慮，你也常向A討教。而A基於想幫助你的原因，也提出了各種建議。

A為何會用心聽你訴苦呢？也許是因為對你有好感吧。

但因為你滿腦子都充滿著對那位資深老鳥的怒氣與不滿，別說是A對你付出的善意了，甚至你根本就無視於A的存在，因為你只想發洩心中的委屈，對他根本毫不在意。

而A也漸漸感覺到其實你並不在乎他，也許是因為他發現對你的真心付出卻沒得到回報而覺得失望，所以便決定放棄幫助你了。

也許有天他會終於下定決心這樣對你說：「不好意思，我今天沒空聽你說話耶！」

你不是一個人

那一瞬間，你才突然醒悟，猶如被拋棄一般，在內心絕望地吶喊著：「為什麼都沒有人願意幫我！」

在無助、失落時，你可能根本不會察覺有人正體貼、關心著你。

但如果你能稍微改變觀點，專注於當下，你就能察覺到像A這類型的朋友或同事，其實就真真實實地在你身邊。

如果你能有這樣的體認，也許，情況就會產生很大的變化。

對於一直在你身邊的A，你會向對方以言語坦率地表達「謝謝你總是用心傾聽我的感受！」這樣的謝意。

此外，你更能進一步意識到周遭人們的存在，並向他們誠摯地說：「謝謝你向我打招呼」、「謝謝你對我說溫暖的話」、「謝謝你協助我！」

在這麼說的同時，那些話語也能溫暖你的內心，而那種感受也能讓你達到自我療癒的效果。

「謝謝」這兩個字，就是最頂級的讚美。

06

向討厭的人說「謝謝」

基本上，對於每個幫助你的人，不論你是喜歡還是討厭對方，對他們你都應該一視同仁地表達謝意。

「謝謝（這個討厭的人）幫我接電話。」「謝謝（這個討厭的人）對我的指導。」像這樣向對方致謝，而把討厭對方的偏見擺到一邊。

如果不能把「幫助你」的事實與「個人的好惡」兩者區分清楚，只會讓你身邊出現越來越多討厭以及不擅於應付的人與事。

感恩能量大

透過這種方式確實自我檢視，你就能得到救贖與療癒。

對「事」不對「人」，你會更輕鬆

舉例來說，在職場上一定會有你討厭的人、不擅應對的人，或害怕的人。

當你越是在乎對方的看法或是臉色，就越會用否定的觀點去理解他的行為，而對方的所作所為也會盤據在你腦中揮之不去，你也會活得越來越痛苦。

當對方在工作上幫了你的忙，你卻這樣猜疑：「他一定是打從心裡看不起我，認為我事情做不好，所以才故意幫我，其實根本是要讓大家見識他的能力！」這種想法自然讓你會更加在意對方所有的行為。

當你出現這種心態時，首先你要：

（1）對自己承認：「我的確討厭這位同事。」「我本來就不想跟他變成好朋友，

所以我也不打算親近他。」

要是你能認同自己的感受，就能和自己所討厭的人先在心理上稍稍保持距離。

（2）把「討厭對方」的情緒，和「對方出手幫忙」的事實做區隔。

只要你能先認同自己「我就是討厭他」的情緒，那麼就比較容易認清「討厭對方」和「對方幫你忙」是兩碼子的事。即使你對他沒有好感，也要懂得感恩。

（3）用言語表達謝意。

雖然有人寧死也不願向討厭的人說謝謝，但一旦你說出來後，便會發現實際情況和你所想的不同。

這是因為你知道自己內心其實想的是：「我討厭你，所以私下我還是不會和你往來。」但你會在認同這種感受的前提下說出：「（不過衝著你出手幫忙的分上，我還是要）謝謝你！」

如此明確區分內心的感受與說出感謝的不同，不但能傳達謝意，也能在心理層

面和對方保持你想維持的一定距離。

感謝，會提升你的信心

假使你的父母總是對你關懷備至，凡事把你照顧得無微不至，而他們也一直以為這是一種體貼，那麼你就要對父母說：「謝謝你們幫忙！但我想按照自己的方式做事。」

這種想靠自己而採取行動的主動性，將會提升你的價值。此時，你感覺到的滿足程度，會變成肯定自己存在的價值，那是真正的自信，進而能解救你的心靈。

因自由意志而採取行動，不但所產生的滿足感會更多，也更能忠於自己。不論那是什麼樣的自己，你都會萌生「我是個有價值的人」的自信。

07

愛自己，就是人生的關鍵字

別跟自己過不去

不論對方多麼愛你，如果你無法感受到，那麼對你來說也是枉然。不論對方對你再怎麼呵護、再怎麼言聽計從，但如果你無法感受到那份心意，也不會覺得快樂和滿足。

因此，從這種意義來看，**想解救心靈，要靠自己；想得到照顧，也要靠自己；想獲得關愛，更要靠自己。**

現在，本書終於來到最後的章節。

在寫這本書的時候，我盡可能地讓論點貼近「覺得一切都令人心煩意亂」的人的內心。我全心全意埋首於工作中，在完成本書原稿時，我有時會發現自己莫名地陷入了沒有幹勁的狀態中。只要遇到這種時候，我就會讓自己多休息，或是早點上床睡覺。

有一次，在陷入那種無力狀態的隔天，我必須出席一場研討會。雖然我發現自己的心理狀況不佳，在前一天晚上也提早就寢，但「不想去開會」的心情依然困擾著我。

剛開會時，我仍心情低落，所以我對與會人員說：「我今天精神不太好。」我之所以會這麼做，是因為覺得認同自己的心理狀態不佳，並且大方地坦承並表現出那份感受，可以使自己變得比較輕鬆。

後來，在會議進行的過程中，我也談到了該怎麼做才能脫離那種沒有衝勁的狀況。現在想起來，說不定當時我是為了自己，才會在開會時對大家承認自己的心理

狀態。

在那個時間點上，我能做的事情，就是讓自己活在當下。在那時，我也意識到了這種觀念，所以決定今後一定要加以實踐。

把能量集中在「現在」

以往的負面經驗，可能會對你的心靈造成深刻的衝擊。除了讓你內心受傷之外，日後無法抹滅的痛苦還會讓你永遠銘記在心。

相較之下，以前曾經歷過的正面經驗，由於給人的印象模糊，所以會因人而異，或多或少任其遺忘在記憶的深處。

如果你對於正面經驗的感受不敏銳，就會更難想起那些令你感到愉快的記憶。

從這樣的層面來看，以往經歷過的負面經驗，不論結果是好是壞，都會帶給我們「活著的充實感」。但我們能持續活下去，不也正是因為我們曾經歷過許多正面

經驗嗎？

因此，我的生活就像本書一直想表達的觀念一樣，我會一邊在日常生活中觀察自己，一邊實踐「感受內心情緒」這件事。

開會時，我因為心情不受控，所以會覺得說話時卡卡的，不太說得出來。為了讓自己能輕鬆發出聲音，我就會站起來說話，由於說話的情況稍微好轉，因此我當下感到輕鬆了許多。

當一直站著時，我要是覺得累就會坐下來，實際體會坐著時的輕鬆感受。

如果開會時無法專心聽別人說話，我會對自己坦承此刻正處於注意力不集中的狀態，並且在內心說：「嗯，原來我現在是這種狀態啊！」**然後喝口熱茶，允許自己放空一下。**

這時，日本茶的味道和溫暖，會漸漸從我的喉嚨和身體裡擴散開來。如果是喝紅茶的話，則能仔細品嚐到另一種不同的香醇風味。

即使是在研討會進行時必須上洗手間的空檔，我也能在當下體會到獨處時的自在。

如果有讀者對我在開會時所說的內容表示贊同，那麼我也會意識到自己的欣喜之情。

這樣一來，我自覺的能力就會變得比平常更明顯，內心的迷霧也會在體會到「實際感受」下漸漸散去。

研討會結束後，當看到最後一位女性聽眾背向我準備回家時，我會察覺到內心很想挽留她，想對她說：「咦？妳要回去了啊？我們下次再找時間聊聊吧！」

總之，想擺脫「我真是受夠了」的狀態，就必須珍視自己內心的情緒、感受，並且再三檢視「能否以此為標準愛自己」。

我就是像這樣，一邊透過親自實踐本書所要推廣的觀念，一邊再三確認這種觀念的可行性。

人生顧問 360

擁抱脆弱，你會更堅強〔療癒暢銷升級版〕

作　者——石原加受子
譯　者——侯美華、王榆琮
副　主　編——郭香君
執行企劃——張瑋之
封面設計——海流設計
編輯總監——蘇清霖
董　事　長——趙政岷
出　版　者——時報文化出版企業股份有限公司
　　　　　　10803 台北市和平西路三段二四○號四樓
　　　　　　發行專線—(○二)二三○六—六八四二
　　　　　　讀者服務專線—○八○○—二三一—七○五
　　　　　　　　　　　　(○二)二三○四—七一○三
　　　　　　讀者服務傳真—(○二)二三○四—六八五八
　　　　　　郵撥—一九三四七二四時報文化出版公司
　　　　　　信箱—台北郵政七九～九九信箱
時報悅讀網——https://www.readingtimes.com.tw
綠活線臉書——https://www.facebook.com/readingtimesgreenlife
法律顧問——理律法律事務所　陳長文律師、李念祖律師
印　刷——和楹印刷有限公司
二版一刷——二○一九年七月二十六日
定　價——新台幣二八○元

時報文化出版公司成立於一九七五年，
並於一九九九年股票上櫃公開發行，於二○○八年脫離中時集團非屬旺中，
以「尊重智慧與創意的文化事業」為信念。

擁抱脆弱，你會更堅強〔療癒暢銷升級版〕/石原加受子著；侯美華、
王榆琮譯. -- 初版. -- 臺北市：時報文化，2019.7
　面；　公分. -- (人生顧問；360)

ISBN 978-957-13-7773-5(平裝)

1.自我實現 2.生活指導

177.2　　　　　　　　　　　　　　　　　107019294

SHIGOTO MO NINGENKANKEI MO「SUBETE MENDOKUSAI」TO OMOTTATOKI YOMU HON
© 2012 Kazuko Ishihara
First published in Japan in 2012 by KADOKAWA CORPORATION, Tokyo.
Complex Chinese translation rights arranged with KADOKAWA CORPORATION, Tokyo
through THE SAKAI AGENCY and Bardon-Chinese Media Agency

ISBN 978-957-13-7773-5
Printed in Taiwan